Travail et organisation

Logiques Sociales
Collection dirigée par Bruno Péquignot

En réunissant des chercheurs, des praticiens et des essayistes, même si la dominante reste universitaire, la collection *Logiques Sociales* entend favoriser les liens entre la recherche non finalisée et l'action sociale.

En laissant toute liberté théorique aux auteurs, elle cherche à promouvoir les recherches qui partent d'un terrain, d'une enquête ou d'une expérience qui augmentent la connaissance empirique des phénomènes sociaux ou qui proposent une innovation méthodologique ou théorique, voire une réévaluation de méthodes ou de systèmes conceptuels classiques.

Dernières parutions

Olivier MAZADE, *La reconversion des hommes et des territoires. Le cas Metaleurop*, 2010.
Mustafa POYRAZ, Loïc GANDAIS, Sükrü ASLAN, *Les quartiers populaires et la ville : les varoş et les banlieues parisiennes*, 2010.
Steve GADET, *La fusion de la culture hip-hop et du mouvement rastafari*, 2010.
Jean-Olivier MAJASTRE, *La culture en archipel. Pratiques culturelles et mode de vie chez les jeunes en situation d'apprentissage précaire*, 2010.
Lucie JOUVET, *Socio-anthropologie de l'erreur judiciaire*, 2010.
Eric GALLIBOUR et Yves RAIBAUD, *Transitions professionnelles dans le monde associatif et l'animation*, 2010.
Stéphanie VINCENT, *L'action publique face à la mobilité*, 2010.
Marie-Christine ZÉLEM, *Politiques de maîtrise et de la demande d'énergie et résistances au changement*, 2010.
ZHENG Lihua, YANG Xiaomin, *La confiance et les relations sino-européennes*, 2010.
Hugues-Olivier HUBERT, Céline NIEUWENHUYS, *L'aide alimentaire au cœur des inégalités*, 2010.
Paul DUCOURNAU, *Mettre en banque l'ADN. Enquête sur une biopolitique du consentement*, 2010.
Jean-Pierre SIRONNEAU, *Lien social et mythe au fil de l'histoire*, 2009.
Josette COENEN-HUTHER, *L'égalité professionnelle entre hommes et femmes : une gageure*, 2009.
Mahir KONUK, *Jeunes originaires de Turquie entre l'école et la communauté*, 2009.
Eguzki URTEAGA, Andoni EIZAGIRRE, *Perceptions sociales sur la science et la technologie en Pays basque*, 2009.
Evelyne PERRIN, *Identité nationale, amer ministère. Ce qu'en pensent de jeune franciliens*, 2009.

Marcel FAULKNER

Travail et organisation

*Regards croisés sur
la recherche sociologique*

Du même auteur

*L'organisation du travail et de l'entreprise.
Théories et recherches sociologiques*, L'Harmattan, 2008.

© L'HARMATTAN, 2010
5-7, rue de l'École-Polytechnique ; 75005 Paris

http://www.librairieharmattan.com
diffusion.harmattan@wanadoo.fr
harmattan1@wanadoo.fr
ISBN : 978-2-296-11990-1
EAN: 9782296119901

INTRODUCTION

On convient facilement que la productivité des salariés et la performance des entreprises dépendent des paramètres de l'organisation du travail. Or, depuis quelques décennies, on ne compte plus les restructurations organisationnelles et les rationalisations du travail qui ont été effectuées au sein des entreprises pendant que de nouveaux régimes de mobilisation se mettaient en place. On ne produit plus comme au temps de l'âge d'or du taylorisme, et les systèmes de production comme les nouveaux dispositifs organisationnels, tant dans les secteurs privés que publics, ne sont pas sollicités de la même manière. Du côté du travail humain, on ne demande plus aux salariés d'être simplement efficaces, mais aussi d'être impliqués ; et la qualité de leur travail dépend autant du niveau de leur engagement que de celui de leur compétence. Si les caractéristiques du travail et les effets des modes d'organisation sur les salariés peuvent être analysés au niveau local, c'est au niveau structurel ou global qu'il faut porter le regard pour en comprendre les logiques et saisir les facteurs qui les déterminent.

En effet, l'environnement des entreprises caractérisé par l'ouverture des frontières, la déréglementation des marchés, et la montée en puissance d'un actionnariat désireux de rendements élevés à court terme, influence le fonctionnement des organisations et affecte la dynamique relationnelle des acteurs. Autant les services fonctionnels que les échelons hiérarchiques subissent la pression de ces nouvelles contraintes macro-économiques dont les effets les plus critiques sont directement répercutés aux niveaux inférieurs des organisations. Les modes de collaboration entre les équipes de la production ou entre les différents services fonctionnels qui se sont développés au fil des expériences partagées ou sur la base de la complémentarité des expertises sont remis en cause aujourd'hui par ces contraintes structurelles qui imposent aux entreprises de nouveaux impératifs d'efficience et d'efficacité productive. Les retours attendus sur les investissements assignent aussi aux organisations de nouveaux objectifs de rendement qui bousculent les anciens modes de coordination et imposent de nouvelles règles organisationnelles.

Dans les services, la demande du client commande la chaîne des interventions, alors que dans l'industrie, hier encore à l'abri de ses structures organisationnelles, la logique du marché pénètre son organisation et décloisonne ses services. L'automatisation et l'informatisation des processus productifs, autant dans les services que dans l'industrie, accélèrent la circulation des informations et permettent de décentraliser les processus décisionnels. Parce qu'elles accroissent les responsabilités confiées aux travailleurs, elles augmentent leur autonomie et favorisent le développement de nouvelles pratiques de collaboration. Dans les industries de production en série, par exemple, les entreprises divisent les anciennes chaînes de production en îlots de productivité plus ou moins autonomes, et les ouvriers cèdent leur place à de nouveaux opérateurs qui conduisent en coresponsabilité les installations automatisées. Mais si ces systèmes sont performants, ils sont aussi contraignants par les exigences de rythme et de délais qu'ils imposent et l'attention qu'ils requièrent. Bref, l'automatisation n'automatise pas tout, et les faiblesses techniques des systèmes productifs comme les déficiences des organisations dans lesquelles ils s'insèrent obligent les opérateurs à anticiper leurs aléas et à rétablir le bon fonctionnement des organisations.

Contraintes organisationnelles et nécessités techniques, flexibilité productive et mobilité de la main-d'œuvre, engagement personnel et évaluation des performances individuelles, sont au menu organisationnel des entreprises qui, confrontées à la diversification des marchés et aux impératifs des investisseurs, doivent accroître leur rendement et lutter pour leur survie dans un contexte de concurrence exacerbée. La pression des grandes institutions financières qui n'hésitent pas à livrer à la spéculation boursière les titres de propriété qu'elles détiennent, explique en grande partie la sous-traitance qui se généralise, tant au plan local qu'au niveau international. Les exigences des bailleurs de fonds sont aussi à l'origine de l'intensification du travail abondamment documentée par la littérature scientifique. C'est donc sous la pression du capitalisme financier que les entreprises rationalisent l'organisation du travail et que l'implication des salariés au travail est exigée.

Freyssinet (2004) résume parfaitement l'ambivalence de la situation des entreprises qui sont souvent aux prises avec des exigences contradictoires. Premièrement, elles doivent constamment maximiser l'usage de la force de travail en intensifiant son utilisation, tout en lui assurant un minimum de stabilité et d'autonomie afin qu'elle puisse fiabiliser les processus productifs qui lui sont confiés. D'un autre côté, elles doivent réduire sa valeur d'échange par la compression des coûts salariaux, la déqualification du travail et la précarisation de la relation d'emploi. Deuxièmement, l'organisation du travail et la gestion de la main-d'œuvre doivent assurer aux entreprises le maximum de flexibilité organisationnelle et opérationnelle pour leur permettre d'atteindre les niveaux d'efficacité et de rendement que les actionnaires attendent d'elles. En même temps, les entreprises doivent assurer les conditions de leur reproduction, tout en opérant dans un environnement dont la configuration normative et réglementaire ainsi que le niveau de concurrence leur sont moins favorables qu'auparavant.

Plusieurs des transformations qui seront esquissées dans cet ouvrage divergent des modalités traditionnelles du taylorisme, mais elles n'en remettent pas toujours en cause les principes fondamentaux. Par exemple, si les relations entre les travailleurs s'harmonisent plus facilement au plan opérationnel, il n'en demeure pas moins que les salariés sont majoritairement soumis à de multiples contraintes. Même si les structures verticales s'aplatissent et que la hiérarchie contrôle davantage par la définition des objectifs que par la prescription des modes opératoires, le pouvoir demeure toujours concentré. Si certaines prescriptions s'estompent au profit d'une plus grande autonomie des salariés, les contrôles hiérarchiques et organisationnels réapparaissent sous des formes différentes, et la restructuration du travail affecte rarement l'ancienne séparation des fonctions d'exécution et de conception. L'innovation organisationnelle n'est donc pas toujours incompatible avec le taylorisme et la modernisation sociale des entreprises n'efface pas toutes les contraintes.

Comme le débat ne se déroule plus dans les termes opposés d'un néo et d'un post-taylorisme, il reste à clarifier le sens à donner aux transformations relevées par maintes recherches et enquêtes de terrain. Parmi les synthèses qui visent à rendre cohérentes les tendances organisationnelles observées, deux d'entre elles dominent le champ de la sociologie du travail tout en reflétant des perspectives d'analyse très différentes. Veltz (1992, 2000) soutient qu'une organisation structurée en réseau selon un modèle cellulaire est appelée à se généraliser, malgré les ambivalences et les tensions qu'elle comporte, alors que Coutrot (1998) décortique l'idéal-type de l'entreprise néo-libérale qui aurait la vertu de concilier en une structure originale et cohérente les différentes tendances analysées en matière d'organisation du travail et de relations professionnelles.

Enfin, parce que de nouveaux champs d'études s'ouvrent à l'investigation sociologique, les chercheurs doivent diversifier leurs méthodes d'enquête et recomposer de nouveaux paradigmes en remodelant leurs anciens outils d'analyse (Durand, Gasparini, 2007). Le dépassement des anciennes frontières paradigmatiques et les emprunts théoriques ouvrent de nouvelles perspectives d'analyse qui ne se laissent pas facilement classer dans les paradigmes établis, mais elles sont suffisamment contrastées aux dires de certains spécialistes pour alimenter la réflexion et fournir de nouvelles représentations du travail et de son organisation (Ughetto, 2004). Par exemple, le travail n'est plus abordé comme étant l'occasion principale de la rencontre de l'individu et de la société à travers ses systèmes techniques et sociaux, comme l'analysaient les fondateurs de la sociologie du travail, mais est plutôt abordé sous l'angle des occasions d'investissement personnel qu'il exige ou qu'il rend possible. Les nouvelles réalités du travail ne sont donc plus saisies à travers le prisme principal des rapports sociaux ou sous l'angle exclusif des appartenances sociales, mais sont plutôt appréhendées en tant qu'expériences sociales génératrices d'engagement personnel et d'implication au travail, même si elles sont fortement encadrées.

On sait aussi que l'étude des problématiques sociales qui prennent forme aux frontières des disciplines se trouve mieux servie si chaque spécialité apporte sa contribution et projette sur les phénomènes analysés la spécificité de son éclairage. Il n'en va pas autrement en sociologie du travail. Par exemple, l'ergonomie a démontré la pertinence d'une conception du travail sensiblement différente de ce que les sociologues entendent par les expressions « contenu du travail » ou « travail concret ». C'est que les techniques d'observation de l'ergonomie permettent d'analyser de façon plus fine l'activité réelle du travail et de détecter des aspects qui restaient cachés au regard sociologique (Teiger, David, 2003). On doit, de plus, à l'ergonomie d'avoir différencié le travail prescrit du travail réel, et d'avoir démontré les compromis opératoires que l'exécution des tâches nécessite, même dans les cas de tâches routinières ou d'activités en apparence assez simples. Ces précisions obligent à une redéfinition conceptuelle des situations de travail et amènent à nuancer certaines représentations admises comme celles du travail contraint et de l'opérateur aliéné.

Enfin, il arrive que l'investigation sociologique se limite à des mises en relation de type fonctionnel. C'est souvent le cas lorsque de nouveaux domaines s'ouvrent au questionnement scientifique et qu'ils donnent lieu à des monographies exploratoires ou à des enquêtes statistiques. Les résultats de ces travaux qualitatifs et quantitatifs fournissent des éclairages complémentaires auxquels cet ouvrage ne manquera pas de recourir.

Structuré autour de l'organisation du travail et de l'activité des salariés, ce livre présente, en fait, près d'une quarantaine de recherches qui portent sur les principales problématiques contemporaines du travail. À travers les quatre parties que le composent, il cherche à retracer les principales voies de changement empruntées par le travail et son organisation et tente d'en saisir à la fois l'ampleur et les effets. La première partie rappelle sommairement l'évolution du fordo-taylorisme et identifie les grandes stratégies de mobilisation des facteurs de production qui ont transformé le travail et son organisation au cours des dernières décennies. Ces stratégies visent évidemment à augmenter l'efficacité du travail et à accroître l'efficience des organisations afin de répondre à la volatilité des marchés et aux exigences de plus en plus élevées des bailleurs de fonds. Il revient à la seconde partie de l'ouvrage de pousser plus loin leur analyse et, sans tomber dans le piège de la prévision de nouveaux modèles émergents susceptibles de remplacer le taylorisme, de questionner les grandes « logiques » du développement des technologies, des services et des compétences qui activent les organisations et transforment le travail. Si la troisième partie souligne les effets sur les salariés des mutations organisationnelles en cours, les paradoxes que leur analyse soulève en dominent la présentation. Les entreprises industrielles comme les organisations de services n'apparaissent plus sous une forme monolithique, si tant est qu'elle n'ait jamais existé, mais semblent être traversées par une multitude de contradictions. Celles-ci se révèlent, par exemple, dans la volonté des organisations de confier des mandats relativement larges à des sous-traitants tout en surveillant de près leur réalisation, dans l'invitation faite aux salariés de coopérer tout en prescrivant les modes opératoires, dans la sollicitation des compétences et des initiatives tout en encadrant le travail de dispositifs de gestion et de contrôle. Enfin, la dernière partie de l'ouvrage tente de dégager des transformations en cours un portrait d'ensemble qui prend forme autour des dispositifs organisationnels que les entreprises mettent en œuvre. Si ces dispositifs accroissent la charge de travail des salariés, ils assurent aux entreprises la performance qu'elles recherchent, et articulent dans des structures relativement cohérentes les éléments de la flexibilité technique, organisationnelle et gestionnaire qu'elles mettent en œuvre.

Si les transformations organisationnelles et les nouvelles contraintes qui entravent l'action des salariés constituent les principaux objets d'étude de cet ouvrage, ce sont les perspectives d'analyse empruntées par les chercheurs et les positions occupées par les acteurs dans le grand jeu des rapports de production qui en déterminent la composition. Ainsi, chaque problématique étudiée est analysée à partir d'approches théoriques différentes ou est abordée sous l'angle de la variété des logiques d'action qui la traversent. Si cette façon de faire insiste sur la diversité des rationalités qui animent le monde du travail, elle est aussi susceptible d'une présentation cohérente, tout en permettant de relativiser les résultats obtenus. La réalité du travail et de son organisation est trop complexe et le croisement des regards sociologiques trop riche de nuances pour qu'ils soient ramenés à une seule perspective, aussi pertinente soit-elle. À ce titre, cet ouvrage n'entend pas défendre une thèse, mais souhaite plutôt souligner la richesse des études que le travail et son organisation suscitent.

PREMIÈRE PARTIE
LES TRANSFORMATIONS DU TRAVAIL ET DE SON ORGANISATION

L'objet de cette première partie consiste à rappeler brièvement le contexte des changements organisationnels qui ont été observés depuis quelques décennies et à souligner les principales transformations que le travail a subies durant la même période, tout en pointant les grandes dynamiques qui impulsent ces changements. Le premier chapitre décrit à grands traits les ambitions économiques et sociales du modèle « fordo-tayloriste », objectifs qui ne sont pas sans rappeler ceux que poursuivent les innovations actuelles de l'organisation du travail. Le deuxième chapitre fait état des nouveaux dispositifs de mobilisation que les entreprises activent pour accroître leur efficience organisationnelle et augmenter la productivité du travail dans l'espoir de satisfaire les exigences de rendement qui leur sont imposées et de répondre aux demandes de plus en plus pressantes des marchés. Le dernier chapitre décrit, mais sans s'y attarder parce qu'elles seront abordées dans les différents chapitres de l'ouvrage, les principales composantes des nouvelles formes d'organisation du travail et indique sommairement leurs effets les plus directs sur les salariés.

PREMIÈRE PARTIE
LES TRANSFORMATIONS DU TRAVAIL ET DE SON ORGANISATION

I
Le contexte des changements organisationnels

La relance économique de l'après-guerre, en favorisant le développement des entreprises et la création d'emplois, a permis au taylorisme et à sa version la plus achevée de l'époque, le fordisme, de connaître leur âge d'or. À des rythmes variables selon les conjonctures sectorielles et les situations nationales, ils ont présidé à la première grande modernisation des structures du travail et de l'entreprise dans le monde industrialisé. Surtout, ils ont vaincu les derniers obstacles à l'augmentation de la productivité du travail et ont doté les entreprises de structures fonctionnelles qui leur ont assuré une meilleure performance.

Le taylorisme a dénoncé les attitudes corporatistes et empiriques des ouvriers du début du siècle dernier au nom d'une approche du travail dite scientifique, dénonciation dont l'objectif véritable visait à domestiquer la force de travail et à transférer à la direction le contrôle sur l'organisation du travail. Pour contourner les savoirs détenus par les anciens corps de métiers, le taylorisme s'est appuyé sur le positivisme régnant à son époque et a développé de nouvelles méthodes d'observation et de calcul des temps d'exécution des tâches. Prétendant être le nouveau maître des savoirs techniques et organisationnels, il a décomposé les tâches, séparé les fonctions d'exécution et de conception, planifié minutieusement l'agencement des opérations et fixé les temps nécessaires à leur réalisation. Sous le fordisme, les nouvelles technologies ont enchaîné de façon encore plus rigoureuse les opérations, et les entreprises ont structuré leur organisation selon un modèle pyramidal. Le pouvoir s'est donc hiérarchisé et l'autorité s'est centralisée, alors que les fonctions administratives et les services fonctionnels se sont répartis horizontalement. Dans un cas comme dans l'autre, les objectifs étaient d'obtenir une meilleure efficience organisationnelle, d'augmenter la productivité du travail et d'accroître le rendement sur le capital investi.

Par la définition de tâches répétitives et monotones et par la séparation des fonctions d'exécution et de conception, le fordo-taylorisme a vidé le travail de son sens et a façonné des organisations dont le caractère aliénant a maintes fois été dénoncé. Si les rapports sociaux dans lesquels le fordo-taylorisme s'est inséré ont conditionné sa mise en œuvre, l'environnement socio-technique qu'il a créé a déterminé à son tour les attitudes et les comportements des ouvriers. L'arrivée massive de salariés peu qualifiés et la similitude des postes de travail définis par le fordo-taylorisme ont éliminé les anciens clivages professionnels qui divisaient les ouvriers selon leur qualification. L'homogénéité des nouvelles conditions de travail a favorisé la formation de vastes ensembles d'ouvriers dont la convergence des intérêts leur a permis de s'opposer aux employeurs. Le développement de relations de travail conflictuelles et, éventuellement, la formation de coalitions ouvrières ont donc pris appui sur le socle socio-technique, qu'à son corps défendant, le fordo-taylorisme avait construit.

Après la Seconde Guerre mondiale, la production massive de biens de consommation et l'accroissement de la richesse collective attribuables en bonne partie à l'efficacité du fordo-taylorisme ont rendu possible le partage des gains de la productivité du travail entre les salariés et les employeurs sur la base de leurs intérêts respectifs. Ce partage, négocié entre les syndicats et les employeurs ou tacitement convenu sous l'impulsion d'un mouvement général, a stimulé à son tour la demande et a favorisé le développement de l'emploi. S'appuyant sur ce cycle vertueux de la croissance, un contrat social s'est progressivement construit pour s'institutionnaliser sous le vocable de compromis fordiste. Ce compromis reconnaissait aux entreprises la responsabilité de la gestion et de l'organisation du travail, tandis qu'il prévoyait pour les salariés des hausses régulières de salaire, une relative sécurité d'emploi, et la reconnaissance du principe de l'ancienneté dans l'octroi de promotions. De son côté, l'État-providence participait à la redistribution de la richesse collective par l'établissement de programmes sociaux qui visaient à protéger les ménages contre les risques associés au chômage, à la maladie et à la vieillesse.

Le modèle fordo-tayloriste a donc permis aux entreprises de dominer le monde du travail jusqu'à sa contestation, à la fin des années 60, par le mouvement ouvrier et les jeunes générations qui refusèrent d'y aliéner leur vie. Les réticences des nouvelles générations à se présenter aux portes des usines et l'impossibilité qu'elles y entrevoyaient de pouvoir réaliser leurs ambitions personnelles et sociales trouvaient chez les travailleurs déjà enclins à critiquer l'organisation du travail un écho qui se fit entendre violemment à la fin des années 60. L'heure d'une deuxième révolution organisationnelle était sonnée.

Issues, au plan théorique, des courants de la psychologie organisationnelle américaine et de l'approche socio-technique européenne, et prenant appui sur les revendications des différents mouvements ouvriers, les propositions visant à améliorer les conditions de travail, à favoriser la participation ouvrière, et à réduire les situations d'aliénation au travail, répondaient à un large besoin social et semblaient plaire au patronat moderne. Les entreprises désireuses d'améliorer leur performance, mais sans détériorer les conditions de travail de leurs employés, se sont donc lancées dans un mouvement de réformes qui visaient cette fois, contrairement aux précédentes, à enrichir le travail et à favoriser la participation des salariés. La rotation des tâches, la polyvalence des travailleurs, la recomposition et l'enrichissement du travail, ainsi que la formation d'équipes de travail semi-autonomes, étaient déjà à l'ordre du jour des entreprises innovantes des années 70. Le renforcement ultérieur du dialogue social initié par diverses mesures législatives, tant en France qu'en Europe, s'est inscrit par la suite dans ce mouvement de modernisation sociale de l'entreprise. Mais plusieurs analyses démontreront plus tard les limites de ce mouvement.

À la suite des conséquences des premiers chocs pétroliers, de la montée de l'inflation, et des crises répétées de l'emploi, les États dominants ont entrepris de vastes négociations internationales afin de relancer la croissance économique sur la base d'une augmentation des échanges commerciaux à la grandeur de la planète. La libération du commerce et la libre circulation des capitaux au niveau international ont amené les économies nationales à se restructurer et ont forcé les entreprises à revoir une autre fois leur fonctionnement. La comparaison des coûts de production au plan mondial et le déplacement des capitaux en temps réel, rendus possibles par la déréglementation des marchés et la création de réseaux électroniques mondiaux, ont confronté les entreprises aux exigences nouvelles des marchés ouverts et aux demandes de rendements de plus en plus élevés des bailleurs de fonds institutionnels.

PREMIÈRE PARTIE
LES TRANSFORMATIONS DU TRAVAIL ET DE SON ORGANISATION

II
Les voies nouvelles de la mobilisation des ressources productives

Ces pressions structurelles ont conduit les entreprises à adopter de nouvelles politiques de réduction des coûts de production et de compression du personnel, dont l'application est évidemment une des causes de la hausse du chômage enregistrée dans plusieurs pays et de l'instauration d'un climat d'insécurité dans les organisations. Les salariés sont nombreux, en effet, à affirmer avoir la chance de conserver leur emploi. Les pratiques de sous-traitance et de contractualisation interne ont aussi pour effet de desserrer les liens d'emploi et constituent de formidables ressorts à la mobilisation du travail et à la collaboration des salariés. Au darwinisme des marchés s'ajoute donc une concurrence locale à laquelle les îlots de productivité et autres centres autonomes de profit se livrent, ce qui entraîne une fragilisation des collectifs de travail, et par voie de conséquence, laisse au management tout l'espace nécessaire à la mobilisation des ressources. La flexibilité de la main-d'œuvre s'impose donc au même titre que la polyvalence, et les gains de productivité s'obtiennent maintenant par l'intensification du travail, la coopération forcée des salariés et la mobilisation des subjectivités. Les voies de la mobilisation des ressources productives se dessinent donc au carrefour des modes de gestion des organisations et de ceux des ressources humaines.

2.1. Au plan de la gestion organisationnelle

L'évaluation de la performance des entreprises par les institutions financières au seul prisme des rendements économiques et l'influence que ces institutions exercent sur le choix des grands projets de développement annulent souvent les efforts de concertation et de négociation interne auxquels les directions se livrent afin d'obtenir un consensus mobilisateur. L'empreinte du capital financier surplombe la régulation interne des entreprises et substitue à la dynamique négociatrice des services et des collaborateurs locaux la droite ligne de la performance économique. L'instauration, au début des années 90, de nouvelles pratiques de gouvernance des entreprises correspond précisément à ce glissement de la gestion par la technostructure vers l'administration par l'actionnariat. En se rapprochant de la gestion, l'actionnariat renoue ainsi avec l'ancien modèle de l'entreprise libérale du 19e siècle.

La concurrence aidant et les menaces de rationalisation contre lesquelles les entreprises ne peuvent se mettre à l'abri, même pour celles qui affichent des rendements qui auparavant auraient été jugés satisfaisants, rendent exécutoires les invitations qui leur sont adressées de rejoindre le peloton de tête des entreprises les plus performantes de leur secteur. La recherche d'une meilleure productivité du travail et d'une performance améliorée conduit donc certaines d'entre elles à emprunter les voies de l'ingénierie organisationnelle. Le recentrage des entreprises sur leur mission première et l'externalisation de certaines de leurs fonctions leur donnent alors la souplesse opérationnelle recherchée et réduisent les obstacles à la mobilité de leurs ressources.

Cette externalisation peut prendre différentes formes et ses enjeux sont nombreux. La première consiste en une délocalisation hors de l'entreprise d'activités qui peuvent être effectuées dans des pays éloignés où les coûts de main-d'œuvre sont inférieurs. L'externalisation de proximité consiste à déplacer des segments de la production dans de nouvelles unités qui, pour des raisons d'économie de transport, se situent près de l'entreprise-centre. Le secteur de l'automobile s'adonne à cette forme d'externalisation par la création d'entreprises équipementières qui ont pour mission d'alimenter l'entreprise donneuse d'ordres en pièces ou produits prêts à monter selon les pratiques du juste à temps et conformément à des prescriptions strictes de coûts, de fabrication et de qualité. L'externalisation peut aussi prendre la forme d'une sous-traitance en cascade dans laquelle la détérioration des conditions de travail des employés suit l'ordre descendant des sous-traitants comme on en retrouve dans certains secteurs traditionnels de l'industrie. Enfin, elle peut s'effectuer sur le site même de l'entreprise qui délègue certaines de ses opérations à des sous-traitants avec l'objectif de réduire les coûts salariaux et de limiter ses responsabilités contractuelles. Malgré son côté moderniste et les règles strictes de sûreté qui la caractérise, l'industrie nucléaire s'adonne à ce type de sous-traitance. L'externalisation locale peut aussi prendre la forme d'une déconcentration productive au sein même de l'entreprise qui place ses propres unités organisationnelles en position de concurrence les unes par rapport aux autres. Une production de meilleure qualité et des livraisons plus fiables peuvent ainsi positionner favorablement certaines d'entre elles, mais elles ne pourront atteindre les objectifs fixés qu'au prix d'une plus grande flexibilité technologique, une intensification accrue du travail et une mobilisation plus efficace des employés.

Soutenue par un management bien avisé, l'introduction de modes de gestion axés sur la qualité constitue une autre voie de la mobilisation des facteurs de production. L'objectif est toujours de réduire les coûts et d'ajuster rapidement la production aux goûts des consommateurs et aux besoins des clients, mais en mettant l'accent cette fois sur l'amélioration des méthodes de planification, de coordination, et d'évaluation des tâches et des résultats. Si ces modes de gestion favorisent un nouveau partage des tâches qui va dans le sens d'un enrichissement du travail et de la polyvalence des salariés, ils s'accompagnent de tant de contraintes et de standards à respecter que le travail finit par ressembler à celui des anciens systèmes de production. En effet, l'autonomie concédée aux salariés y est assez strictement définie, et les marges de manœuvre octroyées sont balisées par tellement de règles et de procédures que ces nouveaux modes de gestion finissent par cantonner l'initiative des salariés dans des zones relativement étroites et bien contrôlées, malgré les prétentions contraires à l'origine de leur implantation.

Enfin, le facteur technologique a toujours suscité les espoirs d'une meilleure performance économique, d'un allègement des tâches et d'une humanisation du travail. Plusieurs recherches menées au cours des années 80 ont renoué avec l'ancienne thèse défendue par les fondateurs de la sociologie du travail sur la recomposition du travail ouvrier grâce à l'automatisation. Ces études démontraient que, pour la première fois dans l'histoire des industries de série notamment, les nouveaux systèmes automatisés permettaient des choix organisationnels favorables à une professionnalisation du travail productif en y transférant des fonctions de préparation et d'entretien qui auparavant auraient été assignées à d'autres catégories de travailleurs, ou en promouvant chez leurs opérateurs le développement de compétences cognitives et sociales nécessaires à leur mise en œuvre et à leur surveillance. Mais les spécialistes conviennent que ces choix organisationnels étaient et sont subordonnés à la dynamique des rapports sociaux et à la capacité des acteurs d'influencer les orientations organisationnelles des entreprises en prenant appui sur leurs ressources professionnelles et leur force de mobilisation. D'autres études soulignent, enfin, que la conception même des technologies relève d'une lecture sociale de leurs présupposés socio-économiques, et que leur mise en œuvre comme le recours aux nouvelles technologies de l'information et de la communication contribue à l'intensification du travail et à la compression des temps morts qui se traduisent finalement par une charge de travail accrue pour les salariés.

En somme, les grandes stratégies organisationnelles qu'adoptent les entreprises sont en étroite correspondance avec la concentration des ressources financières et des pouvoirs économiques, concentration qui s'accompagne d'un affaiblissement des mécanismes de régulation, tant au niveau national qu'international. L'allègement des contraintes réglementaires et l'absence de véritables contre-pouvoirs au sein du monde du travail amènent les grandes sociétés et les institutions financières à établir de nouvelles règles qui balisent les échanges et déterminent les performances. En fixant aux partenaires de la production les objectifs de rendement à atteindre, elles délimitent le champ de leur action individuelle et collective et indiquent les voies de la mobilisation à suivre.

2.2. Au plan de la gestion des ressources humaines

L'articulation des contraintes sociales et économiques qui pèsent à la fois sur les salariés et les entreprises aux nouvelles pratiques de gestion des ressources humaines façonne de nouveaux régimes de mobilisation de la main-d'œuvre. Au plan structurel, deux facteurs contribuent à leur instauration. Le premier réside dans la segmentation des marchés de l'emploi et la menace du chômage et de la précarité. Parce que le chômage n'est plus perçu comme la conséquence malheureuse de handicaps sociaux limités à quelques catégories sociales défavorisées et qu'il peut affecter toutes les couches de la société, même les plus instruites et les mieux établies, sa crainte n'a rien de virtuel. La multiplication des plans sociaux rappelle d'ailleurs aux salariés sa menace bien réelle et stimule ainsi leurs efforts au travail. Deuxièmement, l'apparition de l'acteur actionnaire soulignée plus haut qui, par management interposé, est en mesure d'imposer de nouveaux modes d'organisation, et l'asymétrie de plus en plus évidente des acteurs sur la scène du travail expliquent la mobilisation des salariés. Courpasson (2000) confirme, à la suite de plusieurs autres analystes, que l'inégalité des acteurs renforce les mécanismes de soumission, que celle-ci soit librement consentie ou non. Le respect quasi absolu des règles et des procédures d'exécution et l'acceptation résignée des décisions des directions en témoignent largement.

Si ces nouveaux régimes de mobilisation tentent de susciter l'adhésion des salariés aux valeurs de l'entreprise, ils entraînent parallèlement un affaiblissement des collectifs de travail et une perte des ancrages identitaires. Ils ont aussi pour effet de modeler les comportements des employés en fonction des postes à occuper ou des missions à remplir, et assurent aux entreprises la collaboration nécessaire à l'atteinte de leurs objectifs. Bref, ils se caractérisent par un renforcement des régulations de contrôle et par un enrôlement de la subjectivité des salariés, tout en codifiant les comportements aux plans technique, organisationnel et relationnel (Aballéa, Demailly, 2005).

Au plan technique, les systèmes d'organisation à flux tendus et de production en juste à temps, en incorporant les contraintes de rythme et de délais aux automatismes, disciplinent les salariés en intensifiant le travail (Durand, 2004). La technologie sert ici d'alibi aux contraintes structurelles et naturalise les effets de la domination du capital sur le travail. En régularisant techniquement les flux productifs, ces systèmes à haute performance rendent acceptables les normes comportementales imposées et ont pour effet d'ausculter les relations de domination au travail. Les contraintes structurelles se transforment alors en exigences techniques, la pression de la concurrence s'efface devant les demandes anonymes des clients, et le pouvoir disparaît sous les contraintes de rythme que la technologie semble imposée naturellement.

Les politiques de qualité totale, dont les caractéristiques ont été signalées plus haut, en établissant des normes strictes de qualité et en fixant des procédures rigoureuses d'exécution, même en cas d'imprévu, participent également à cette volonté de mobiliser et d'encadrer la force de travail. L'établissement de règles précises et de modes opératoires standardisés vise en fait à codifier les comportements des salariés et à assurer à l'entreprise que ses standards de qualité, de quantité et de délais seront respectés.

Les effets de ces contraintes structurelles et organisationnelles sont décuplés par les interventions de l'encadrement et des services de gestion des ressources humaines qui appellent chaque employé à s'impliquer davantage et à se mobiliser contre la concurrence des marchés. Cette dernière est évidemment présentée comme l'ennemi commun à combattre, et l'adhésion aux objectifs de l'entreprise est pressentie comme la seule voie possible pouvant assurer la survie de l'entreprise et la protection des emplois. Sur ce socle des intérêts partagés, le travail d'inculcation d'un « esprit maison » prend corps, ce qui facilite le déblocage des ressources dont la mobilité est nécessaire à la flexibilité des systèmes productifs.

Dans cette perspective, la logique compétence, en préconisant la coopération des salariés et la coordination des services et des partenaires, s'affirme comme une nouvelle stratégie de mobilisation et prétend pouvoir relever les défis de la performance dans un environnement en évolution. Elle souhaite faire système par l'accent qu'elle met sur la reconnaissance du travail réel plutôt que de s'arrêter au seul respect du travail prescrit, et par la promesse que l'engagement des salariés et le déploiement de leur capacité seront valorisés et reconnus dans un nouveau contrat social. Elle invite la coopération à quitter ses anciennes zones d'ombre et à se manifester ouvertement pour mettre les réservoirs de connaissance et d'habileté qu'elle recèle au service de l'entreprise. Toutefois, l'analyse des accords sociaux qui prévoient son implantation et les résultats de plusieurs enquêtes empiriques révèlent la volonté des entreprises de combattre la concurrence par l'accroissement de la productivité, de la polyvalence et de la mobilité, que son aménagement a justement pour effet de rendre possibles. Ayant été pressentie pour constituer un nouveau modèle de gestion et jeter les bases d'un pacte social à construire, elle est la plupart du temps cantonnée à un rôle de gestion et de planification des ressources humaines où la progression des compétences des salariés est assujettie aux résultats de leurs performances et où leur mobilité est commandée par les besoins en main-d'oeuvre des entreprises. En étant responsables du développement de leurs compétences et en devenant les entrepreneurs de leur propre employabilité, les salariés assument dans les faits une fonction des entreprises, à savoir celle de maintenir et de développer leur capacité concurrentielle (Reynaud, 2001).

La montée en puissance des exigences du client sur les marchés et leur introduction dans la production impulsent une nouvelle dynamique dans les organisations soucieuses de diversifier leurs produits et de personnaliser leurs services. Dans les services publics et privés, l'image du client symbolise la mission de l'établissement, et la représentation que l'on se fait de ses besoins commande l'organisation des services et influence la définition des règles qui encadrent leur prestation. Évoquer l'image du client devient un outil de mobilisation et peut constituer une justification à l'investissement personnel. En effet, servir le client ou répondre à ses besoins, surtout quand il s'agit d'une demande sociale, est une mission éthique. L'expression des besoins de la clientèle justifie également l'autonomie accordée aux employés afin d'y répondre et les engage sur la voie de la responsabilisation et de l'implication, qu'elle soit contrainte ou non.

Les nouveaux régimes de mobilisation du travail et les pratiques de gestion des ressources humaines s'ajoutent donc aux restructurations organisationnelles qui, en transformant les modes de production et le fonctionnement des entreprises, induisent chez les salariés une insécurité qui fragilise leur position et érode leur solidarité. La régulation de contrôle s'affirme avec d'autant plus de force que les collectifs s'affaiblissent, et la régulation autonome recule dans la mesure où l'implication au travail répond aux appels à l'engagement personnel et que les salariés modèlent leurs comportements sur les valeurs de l'entreprise. En somme, le nouveau contexte concurrentiel des entreprises et la neutralisation des mécanismes de régulation censés encadrer les échanges économiques, tant aux plans international que national, combinés à l'affaiblissement des acteurs de la scène du travail au plan local expliquent la force des nouveaux régimes de mobilisation qui s'activent dans les organisations et au cœur même du travail.

PREMIÈRE PARTIE
LES TRANSFORMATIONS DU TRAVAIL ET DE SON ORGANISATION

III
Des organisations qui prennent forme et des conditions de travail problématiques

Depuis les années 80, mais surtout à partir des années 90, la diffusion des technologies de l'information et de la communication oblige les entreprises à revoir l'articulation entre le contenu du travail, la qualification des salariés et le partage des tâches. L'utilisation de ces technologies accroît évidemment le volume et la qualité des échanges, réduit la distance entre les services et rapproche la production des marchés. Dans les secteurs de la production en continu, où la masse salariale représente une faible portion des coûts de production, mais où les coûts associés aux technologies sont à la hausse, l'attention des gestionnaires se centre tout naturellement sur l'élimination des pannes et la diminution des temps improductifs. Ces entreprises ont tendance à confier plus de responsabilités aux travailleurs, dont celle d'assurer l'utilisation maximale des équipements automatisés acquis à forts prix. Les technologies utilisées dans ces secteurs requièrent de la part des opérateurs de nouvelles compétences techniques, cognitives et relationnelles, dont la reconnaissance par les employeurs permet aux salariés d'acquérir plus d'autonomie et d'assumer plus de responsabilités. Mais celles-ci s'accompagnent évidemment d'une intensification du travail qui accroît la charge mentale de leurs fonctions. Dans les industries de production en série, les entreprises ont opté pour des modèles plus allégés et ont exploré les voies de la flexibilité organisationnelle à la manière toyotiste. Elles ont donc abandonné les anciennes équipes de travail semi-autonomes inspirées du modèle socio-technique pour les remplacer par de nouvelles équipes de travailleurs plus polyvalentes, mais aussi plus contraintes et plus mobiles à la fois. La régulation des opérations de ces nouveaux processus à flux tendus et la coopération des travailleurs au sein de ces équipes polyvalentes entraînent également une surcharge de travail.

Dans les industries de production en série, les systèmes de production en flux tendus et de livraison en juste à temps se sont largement diffusés pour atteindre, en France, 30 % des entreprises en 1997. Près du tiers des entreprises déclarent livrer en juste à temps et elles sont 43 % à exiger de leurs fournisseurs de livrer dans les délais prescrits (Greenan, Hamon-Cholet, 2000). Même si ces systèmes maintiennent les prescriptions et les contrôles hiérarchiques, ils déclenchent tout de même des logiques productives assez peu compatibles avec celle du taylorisme. Considérant là aussi l'ampleur des investissements consentis et la nécessité d'éliminer les pannes, la régulation de ces systèmes devient un déterminant important de la productivité du travail. L'anticipation des irrégularités et la rapidité à y apporter les correctifs appropriés, la coopération au sein des équipes de travail et leur coordination avec les services d'entretien et de maintenance, et l'engagement du personnel à assurer une production qui réponde aux critères fixés, exigent des travailleurs de ces secteurs des compétences cognitives et relationnelles qui s'opposent à la déqualification du travail poursuivi par le taylorisme. Toutefois, des analyses qui prennent en compte l'influence des facteurs macro-économiques de la production en flux tendus soulignent que la pression des marchés, les exigences des clients ou des usagers, les pratiques plus agressives d'un management lui-même redevable à des états-majors souvent éloignés des lieux de production concourent à une intensification du travail. Dans ces modes d'organisation, la polyvalence accrue des travailleurs et la rotation de plus en plus répandue des tâches, au lieu de renforcer les équipes de travail et d'améliorer leur qualification, servent plutôt à réguler les flux productifs et à réduire les temps inactifs.

Les nouvelles formes d'organisation reposent souvent sur une coopération au travail que le système tayloriste a refusé de reconnaître pendant des décennies. En effet, c'est en voulant fixer un cadre rigide aux opérations et en définissant des modes opératoires qui laissaient peu de place à l'initiative et qui réduisaient au minimum l'autonomie des travailleurs, que l'organisation tayloriste a nié la complexité réelle des tâches et a ignoré le contexte réel de leur réalisation. C'est donc pour combler l'incomplétude de l'organisation tayloriste du travail que les travailleurs ont desserré l'emprise des contrôles et qu'ils ont développé des façons de faire plus adaptées à leurs conditions physiques ou moins astreignantes. En établissant des complicités avec leurs collègues et en contournant les règles, souvent même avec le consentement tacite de la hiérarchie de proximité, les travailleurs ont créé de nouvelles façons de coopérer. Aujourd'hui, le management bien avisé adopte une attitude différente de celle des directions traditionnelles, et considère que les aptitudes des travailleurs constituent un réservoir de compétences que les entreprises ont intérêt à mobiliser. La coopération au travail, hier niée par le taylorisme et cantonnée à la marge de l'organisation, est aujourd'hui reconnue et valorisée dans certaines situations ou contrainte et forcée dans d'autres. Qu'elle soit ouverte ou forcée, la coopération est devenue un impératif organisationnel, et sa mise en œuvre une condition d'efficience dont les entreprises ne peuvent plus se passer.

Les grandes enquêtes publiques sur les conditions de travail démontrent, en effet, que les salariés sont à la fois plus responsables et plus autonomes, mais paradoxalement plus contraints. Ils sont 86 % en 1998 à affirmer pouvoir choisir eux-mêmes la façon d'atteindre les objectifs qui leur sont assignés et 72 % d'entre eux disent régler eux-mêmes les incidents qui surviennent au travail. Près des deux tiers déclarent qu'ils n'appliquent pas strictement les consignes qui leur sont communiquées ou qu'ils n'en ont pas, et ils sont aussi nombreux à affirmer pouvoir varier les délais qui leur sont fixés (Hamon-Cholet, Rougerie, 2000). Mais, les marges d'initiative des salariés s'actualisent dans un contexte restrictif. Les objectifs à atteindre sont rarement discutés et les contrôles hiérarchiques ne semblent pas s'atténuer. De 1991 à 1998, le pourcentage de salariés qui déclarent que leur rythme de travail leur est imposé par la pression de la hiérarchie est même passé de 23 % à 29 %, et près de la moitié d'entre eux affirment que leur rythme de travail dépend d'une demande extérieure qui exige une réponse immédiate, contre moins de 25 % en 1984.

L'autonomie concédée aux salariés s'explique en partie par la programmation préalable des processus de travail et la formalisation des procédures d'exécution, particulièrement dans le secteur tertiaire et dans les industries de série, et que ces précautions ont pour effet de limiter l'action réflexive des opérateurs. La part des salariés qui déclarent devoir respecter des normes de qualité chiffrées progresse régulièrement depuis 1984 pour atteindre 20 % en 1998 (Hamon-Cholet, Rougerie, 2000). Dans le seul secteur industriel, plus du tiers des entreprises est certifié ISO en 1997 et une autre tranche de 28 % est inscrite dans une démarche de qualité totale. Ces pratiques codifient dans le détail les objectifs à atteindre et les procédures opérationnelles à suivre. Or, si les pratiques de qualité totale sont corrélées à un certain enrichissement du travail (tests de qualité, essais des produits, etc.) et à une marge de manœuvre accrue, il appert également qu'elles s'accompagnent de protocoles qui cantonnent les initiatives des employés dans un périmètre strictement délimité (Greenan, Hamon-Cholet, 2000). Quant à la formation des groupes de progrès et de résolution de problèmes suscitée par la mobilisation des ressources, elle vise à augmenter la productivité du travail en misant sur le bagage de connaissances et de savoir-faire encore inexploités des travailleurs.

Dans les situations inattendues, que même les systèmes les plus sophistiqués ne peuvent prévoir entièrement, l'urgence des interventions s'impose et constitue pour les opérateurs les moments forts de leur activité. Même si ces occasions ponctuelles d'autonomie et d'initiatives pressantes échappent en partie aux procédures programmées, force est de reconnaître qu'elles sont aussi assujetties aux appels à la responsabilité professionnelle, à la crainte des marchés ou aux sanctions de l'encadrement. Près de 60 % des salariés en 1998 déclarent qu'une erreur de leur part peut entraîner une sanction qui risque de nuire à leur emploi ou à leur rémunération. Ils étaient 46 % à l'affirmer en 1991 (Hamon-Cholet, Rougerie, 2000). Ces pratiques autonomes relèvent donc moins de la libre négociation d'un compromis dans le cadre d'une régulation conjointe que de la coopération forcée et de l'engagement contraint envers des objectifs qui peuvent être étrangers aux salariés.

Tout cela témoigne de l'apparente contradiction entre une plus grande autonomie concédée aux salariés et une hausse des contraintes qui pèsent sur eux. La polyvalence et les marges de manœuvre concédées aux salariés donnent aux organisations la souplesse dont elles ont besoin pour répondre aux exigences des marchés et pour contrer les aléas de la production. Le juste à temps et la production en flux tendus bénéficient, en effet, de la liberté opérationnelle concédée aux salariés et de leur sens des responsabilités, tandis que les organisations plus innovantes qui s'éloignent davantage du taylorisme puisent dans les ressources libérées des salariés leurs capacités d'adaptation organisationnelle et d'ajustement aux marchés.

En somme, un respect plus strict des exigences des clients, une production de meilleure qualité et une plus grande rapidité d'adaptation aux évolutions des marchés s'imposent aux entreprises qui veulent survivre dans le grand jeu de la concurrence et satisfaire les exigences financières de leurs bailleurs de fonds. Les entreprises doivent donc améliorer la flexibilité de leur organisation, rendre plus fluide leur production, favoriser la polyvalence de leurs employés et mobiliser en permanence leurs ressources pour survivre. Pas surprenant alors que les salariés affirment travailler dur, et que la souffrance soit au bout des voies de la mobilisation.

DEUXIÈME PARTIE
LES VOIES DE LA MOBILISATION DES RESSOURCES PRODUCTIVES

Les transformations que subissent le travail et son organisation depuis quelques décennies s'articulent en fait autour de quelques vecteurs de changement. Parmi ceux-ci, les innovations technologiques et l'informatisation des processus productifs suscitent l'intérêt des entreprises et retiennent l'attention des chercheurs de manière récurrente. En effet, l'instauration dans les entreprises industrielles et dans les établissements de service de systèmes de production flexibles et l'impératif des flux tendus restructurent le travail et son organisation, en même temps qu'ils remodèlent les équipes de travail et qu'ils polarisent les qualifications.

Simultanément, la recherche d'une production de meilleure qualité et la volonté de personnaliser les services, qui apparaissent trop souvent standardisés ou dispensés par des entreprises trop bureaucratisées, amènent les organisations à favoriser la polyvalence des salariés et à solliciter les ressources qu'ils recèlent. Les logiques de compétence et de service se rejoignent sur la suprématie à accorder à la demande sur l'offre, et appellent à la mobilisation des savoirs et des compétences relationnelles pour valoriser les activités productives et les prestations de services que l'on souhaite, par ailleurs, respectivement qualifiantes et enrichissantes.

Placer le client au centre des organisations et faire de ses besoins une obligation de résultat, tout en arrimant le développement des établissements à celui des compétences des salariés, n'est pas sans présenter quelques ambiguïtés, ni entretenir des confusions, voire susciter des contradictions difficilement surmontables.

DEUXIÈME PARTIE
LES VOIES DE LA MOBILISATION
DES RESSOURCES PRODUCTIVES

I
Technologie, organisation et rapports sociaux

Introduction

Au lendemain de la Seconde Guerre mondiale, la technologie était perçue comme le résultat normal et souhaité du développement scientifique et représentait aux yeux de la population un facteur naturel de croissance économique. Elle devait assurer le développement des sociétés, favoriser l'enrichissement des nations et accroître la consommation individuelle par la progression de la productivité du travail. Si certains analystes tentaient de relier technologie et rapports sociaux, très peu imaginaient une contradiction possible entre son caractère inéluctable et sa capacité à accroître la productivité du travail et le rendement des employés.

Ce n'est qu'à partir des années 70 que des recherches plus critiques, souvent d'inspiration marxiste, soulignent la dépendance de la technologie à l'égard des rapports sociaux et relèvent les contraintes qu'elle impose. De force naturelle et d'utilisation neutre, la technologie apparaît alors comme un facteur prescriptif par les tâches qu'elle morcelle, les cadences qu'elle détermine et la soumission des travailleurs qu'elle induit. Non pas que ces phénomènes fussent inconnus des spécialistes, mais ces nouvelles critiques frappent les esprits par leur dimension politique. Plusieurs auteurs définissent alors la technologie comme un instrument de la domination sociale ou y voient une composante de la gestion capitaliste du travail qui vise à réduire, autant que faire se peut, le caractère imprévisible du facteur humain (Braverman, 1976). Le fait que des mécanismes de contrôle soient incorporés aux systèmes automatisés ajoute à leur usage productif un pouvoir hiérarchique (Salerni, 1979). Dans le même esprit, des études menées ultérieurement sur la conception des nouvelles technologies démontrent que leurs fabricants prennent en compte les présupposés sociaux et économiques de leur utilisation, ce qui explique la portée sociale de leur usage. En traduisant au plan technique les représentations sociales de leur contexte d'utilisation, les nouvelles technologies automatisées offrent l'avantage de pouvoir s'insérer à moindres coûts dans les formes existantes de la division du travail, lesquelles sont déterminées par le rapport salarial qui les encadre.

En fait, les travaux portant sur la relation entre la technologie et l'organisation du travail peuvent être regroupés autour de trois thèses selon le sens donné à cette relation. Les premières études consacrées à cette question démontrent la progression inéluctable de la technologie et sa capacité à déterminer les structures organisationnelles du travail et de l'entreprise. La thèse du déterminisme technologique a dominé la sociologie du travail des deux côtés de l'Atlantique pendant plus de deux décennies et refait périodiquement surface à chaque apparition d'une nouvelle technologie qui bouleverse l'organisation du travail. Les études systémiques de Thompson (1967) et de Perrow (1970) présentées ici offrent une belle synthèse des acquis de cette perspective d'analyse.

Les contestations ouvrières des années 60-70 et la révision concomitante des schémas d'analyse amènent les sociologues à souligner le caractère coercitif de l'organisation du travail et à analyser les contraintes associées aux systèmes productifs en lien avec les rapports sociaux. La technologie, de variable déterminante passe au rang de variable intermédiaire, elle-même étant dépendante des contextes organisationnels et des rapports sociaux qui déterminent son utilisation et qui façonnent l'organisation du travail dans laquelle elle s'insère. Dès les années 60, l'approche socio-technique avait démontré le bien-fondé de ce point de vue et les analyses comparatives du rapport salarial en France et en Allemagne effectuées par le LEST (Laboratoire d'économie et de sociologie du travail) le confirmeront plus tard. Des études similaires menées par ce même centre de recherche sur l'implantation de nouveaux systèmes automatisés en France, dont celle exposée dans ce chapitre, démontrent que le recours à la même technologie tolère différents modèles d'organisation du travail, mais que ceux-ci sont assujettis à certaines « cohérences sociétales ». Par exemple, la tendance fréquemment observée en France de la reproduction des anciennes structures de travail à l'occasion de l'introduction de nouvelles technologies flexibles s'explique principalement par l'inertie des modes de gestion et par le système relativement fermé de la stratification sociale française. Les rapports sociaux au sein des entreprises, la rigidité des structures hiérarchiques et le conservatisme des dirigeants ont plus d'influence sur l'organisation du travail et la gestion de ressources humaines que le facteur technologique. Les structures sociales et organisationnelles déterminent donc les modes de production par delà le facteur technique.

Le troisième point de vue présenté ici inverse complètement la thèse du déterminisme technologique en soutenant que les systèmes automatisés n'ont rien de neutre, puisque leur conception même est socialement déterminée. C'est parce qu'elles sont socialement déterminées que les nouvelles technologies automatisées sont efficaces et qu'elles sont capables à leur tour d'influencer l'organisation du travail.

1. Le déterminisme technologique : rappel de quelques études pionnières

Il revient à Woodward (1958, 1965, 1970) d'avoir démontré, probablement pour la première fois, la thèse du terminisme technologique en soulignant les effets des technologies sur les modes d'organisation du travail et de l'entreprise. En classant une centaine d'entreprises selon divers modes de production, elle a constaté que différentes formes d'organisation leur étaient associées. Le mode général de fonctionnement des entreprises, les formes de coordination de leurs fonctions (recherche, production, vente), les processus de décision et les modalités de l'organisation du travail variaient en fonction des technologies utilisées et des modes de production (unitaire, grandes séries, continu) des entreprises. De plus, il apparaissait que les entreprises les plus performantes étaient celles dont les caractéristiques organisationnelles se situaient dans la médiane de leur catégorie.

Ces recherches reposaient sur une conception matérielle de la technologie définie comme un ensemble de dispositifs physiques, d'équipements techniques et de méthodes de travail contribuant à l'atteindre des résultats désirés. Elles excluaient les entreprises de service dans lesquelles les technologies sont évidemment très différentes de celles utilisées dans l'industrie et qui exigent de leurs utilisateurs des qualifications particulières. C'est pourquoi certains spécialistes ont poussé plus loin la réflexion sur le facteur technologique en élargissant sa signification. Aux éléments précédents, ils ont ajouté les connaissances requises à son utilisation, connaissances faites d'habiletés longuement développées, de secrets de métier transmis sous le couvert de la solidarité professionnelle et de capacité d'anticipation des problèmes que seule l'expérience permet d'acquérir. Par une définition extensive de la technologie, Thompson (1967) et Perrow (1970) étendent la portée de la thèse du déterminisme technologique aux activités de service et systématisent les acquis des recherches antérieures en des visions unifiées et cohérentes.

Comme Woodward, Thompson souhaite trouver la meilleure correspondance possible entre les modes de coordination du travail et les types de technologie. Il part du fait que certains processus de transformation se caractérisent par une extrême standardisation de leurs modes opératoires, comme dans les productions en grandes séries et automatisées, tandis que d'autres modes de production présentent une faible standardisation de leurs processus de transformation, comme c'est souvent le cas dans la production de service individualisé. Il fait un raisonnement similaire relativement aux inputs et aux outputs qui présentent une plus ou moins grande standardisation. Par exemple, les inputs et les outputs sont fortement standardisés dans le secteur de la production automobile, mais davantage différenciés dans les services de santé. Le croisement de ces deux dimensions l'amène à différencier trois formes de technologie et autant de modes de coordination.

Remarquant que la production de masse et la production en continu ou automatisée partagent une même forme linéaire de transformation d'une matière première en produits finis, Thompson suggère de réunir ces deux types de technologie en une seule qu'il nomme *technologie linéaire*. Cette technologie se caractérise donc par une forte standardisation de ses processus de transformation et par une standardisation élevée des inputs et des outputs : la production automobile et le raffinage du pétrole en sont des exemples. Dans les entreprises utilisant cette technologie, les tâches se répartissent selon une séquence préalablement définie que Thompson appelle « interdépendance séquentielle des tâches ». Leur coordination est réalisée par une planification minutieuse des chaînes de montage ou par la programmation préalable des systèmes de production en continu.

La *technologie médiatrice* est celle utilisée par les entreprises qui servent d'intermédiaires entre des personnes désireuses d'établir un échange, mais qui auraient du mal à le faire sans leur initiative. Les banques en sont un bon exemple comme les agences de courtage ou les agences immobilières. Ici, les inputs et les outputs sont différenciés (les clients) tandis que les processus opératoires sont fortement standardisés (procédures d'ouverture d'un compte, règles d'obtention d'une marge de crédit, etc.). Dans les entreprises ou organisations qui recourent à ce type de technologie, les tâches semblent être effectuées indépendamment les unes des autres. Par exemple, chaque succursale d'une même banque procède à ses opérations de façon relativement autonome, et en son sein, chaque préposé vaque à sa tâche sans contrôle apparent. Le succès de l'entreprise se mesure ici par la somme des outputs produits par la mise en commun des tâches réalisées séparément. Dans de tels cas, la coordination des opérations se fait à priori par la définition de règles précises ou de procédures formalisées que les agents et les succursales respectent scrupuleusement.

Enfin, il appelle *technologies intensives* celles utilisées par les entreprises qui transforment un input ordinairement unique en un output sur mesure. C'est souvent le cas dans les services de santé et les services sociaux, les laboratoires de recherche et les entreprises d'ingénierie. La technologie intensive se caractérise par la coordination de travaux ou d'activités d'experts qui doivent surmonter des problèmes inédits et procéder sur le tas aux ajustements nécessaires. Les inputs et les outputs sont différenciés et les processus de transformation sont peu standardisés. Les tâches effectuées dans les entreprises à technologie intensive se caractérisent par leur interdépendance réciproque. Contrairement aux entreprises utilisant une technologie linéaire où les tâches s'exécutent séquentiellement, de l'amont vers l'aval, l'interdépendance réciproque des tâches se caractérise par des flux de travail circulaires. L'efficacité d'un laboratoire ou d'une équipe multidisciplinaire, par exemple, est souvent assurée par la libre circulation des informations entre les employés. L'ajustement de chacun au processus de transformation en cours est alors le meilleur mécanisme de coordination.

Thompson démontre donc que les modalités de coordination et de répartition des tâches varient en fonction de la nature des processus productifs et des technologies utilisées. La technologie linéaire commande une interdépendance mutuelle des tâches et une coordination préalablement planifiée des opérations, tandis que le recours à une technologie médiatrice suppose la mise en commun d'opérations effectuées de façon indépendante, mais dont la coordination est garantie par le respect des règles et des procédures établies. La technologie intensive utilisée dans certains services met en œuvre une organisation du travail qui repose sur l'interdépendance réciproque des tâches dont la coordination est assurée par différentes modalités d'ajustement mutuel des employés ou des équipes de travail.

À l'instar de Thompson, Perrow donne de la technologie une définition extensive qui, en plus des équipements et de leur agencement, inclut les connaissances nécessaires à la transformation des inputs en outputs. Ce processus de transformation peut être manuel ou intellectuel et requérir un équipement sophistiqué ou un appareillage plus simple. Selon Perrow, les deux principales dimensions de la technologie sont, premièrement, la variabilité des tâches et des problèmes rencontrés en cours d'exécution, et deuxièmement, la capacité d'analyser les problèmes posés et de trouver les solutions appropriées. La variabilité des tâches se mesure par le nombre d'exceptions que les inputs présentent et le nombre d'ajustements requis aux procédures par voie de conséquence. La capacité d'analyser les tâches se met à l'œuvre lorsqu'une exception se manifeste et que les méthodes d'analyse capables de les traiter sont connues. Ainsi, lorsque les procédures prévoient le traitement des situations d'exception, on dira que la capacité à les traiter est élevée. Le croisement de ces dimensions amène Perrow à distinguer quatre types de technologie.

La *technologie de routine* se caractérise par une faible variabilité des tâches et une forte capacité à traiter les cas d'exception. La chaîne de montage traditionnelle et le travail de bureau correspondent assez bien à ce type de technologie dont l'élaboration des procédures est suffisamment fine pour prévoir à peu près toutes les situations. La *technologie de l'ingéniosité ou artisanale* couvre les situations où la variabilité des tâches et la capacité d'analyser les problèmes sont faibles comme cela se rencontre dans certains corps de métiers. Il s'agit d'emplois présentant peu de situations d'exception et qui n'ont pas ou peu de méthodes d'analyse ou de procédures arrêtées de résolutions de problèmes. La nécessité d'un plus fort investissement pour imaginer les solutions pertinentes s'impose de ce fait. À l'inverse, la *technologie d'ingénierie* se rencontre dans les situations où la variabilité des tâches et la capacité de résoudre les problèmes sont élevées. Il s'agit d'emplois où les cas d'exception sont nombreux, mais où les solutions sont déjà connues. Ce troisième type s'apparente au travail de l'ingénieur ou à celui de diverses catégories professionnelles dont les diagnostics d'un problème suggèrent implicitement l'intervention. Enfin, la *technologie non-routinière* couvre les situations où la variabilité des tâches est élevée et la capacité de résoudre les problèmes est faible parce que les solutions sont à inventer. C'est le cas des départements de recherche-développement, des laboratoires spécialisés et du secteur de l'aérospatial. Produire un engin nucléaire, par exemple, pose un grand nombre de problèmes qui nécessitent un important effort de recherche de solutions.

Perrow rappelle l'importance de bien articuler les structures organisationnelles et les mécanismes de coordination des tâches aux caractéristiques des technologies utilisées. Pour y parvenir, il différencie ce qui lui semble être les quatre principales variables organisationnelles : la marge de manoeuvre des cadres, leur pouvoir, le degré de coordination des groupes et finalement leur niveau d'interdépendance. Le pouvoir de décision (line) peut être plus ou moins centralisé tandis que les mécanismes de coordination (staff) peuvent être plus ou moins souples afin de permettre des réponses rapides et adéquates aux problèmes posés. Le croisement de ces variables organisationnelles avec les quatre types de technologie définis plus haut donne quatre structures organisationnelles ou types d'organisation. Ainsi, une entreprise caractérisée par une technologie basée sur l'ingéniosité présente une structure décentralisée contrairement à la structure centralisée, mais flexible que l'on retrouve dans les organisations recourant à une technologie de type ingénierie. Les entreprises à technologie de routine tendent vers un modèle bureaucratique au pouvoir centralisé et aux procédures fortement formalisées. La structure organisationnelle de type organique se rencontre davantage dans les entreprises utilisant une technologie de non-routine où la situation de travail requiert flexibilité et polyvalence.

En somme, les études théoriques de Thompson et de Perrow s'inspirent de l'approche systémique et considèrent l'entreprise comme un lieu de transformation de matières premières, matérielles ou non, en produits finis, objets singuliers ou services personnalisés. La thèse du déterminisme technologique qu'ils défendent soutient l'existence d'une correspondance entre la nature des technologies employées, la division des tâches requises et les modalités de leur coordination.

Parallèlement à ces travaux, d'autres études rappellent qu'il n'y a pas de système technique sans système social et que c'est dans leur interaction que les organisations se forment. Si le facteur technologique délimite les frontières productives et influence les performances opérationnelles, des choix organisationnels restent possibles contrairement aux prétentions de la thèse du déterminisme technologique. Les modalités organisationnelles, la dynamique des acteurs et l'utilisation des technologies sont influencées par les politiques administratives de l'entreprise et par les rapports sociaux qui s'y déploient. La prochaine recherche souligne l'articulation de ces composantes et démontre que la diversité des formes d'organisation du travail qu'une même technologie autorise s'explique en partie par les caractéristiques sociales propres à chaque société.

2. Modernisation industrielle et cohérence sociétale

La recherche menée par Eyraud, Iribarne et Maurice (1988) porte sur la dynamique du changement au sein de trois entreprises françaises de mécanique qui ont procédé à l'installation de nouvelles machines-outils à commande numérique. Ces entreprises sont différentes par la taille, les marchés et les technologies qu'elles utilisent : une est sous-traitante d'un producteur automobile, la deuxième œuvre dans le secteur de la production de machines-outils tandis que la troisième est une filiale d'un groupe-verrier. Évidemment, leur adaptation à l'évolution des marchés et aux nouvelles façons de produire a influencé leur structure organisationnelle. La gestion des personnels, la définition des postes de travail et des qualifications requises pour les occuper, la répartition des tâches et les mécanismes de coordination ont aussi été affectés. Les auteurs avancent donc l'hypothèse d'un double processus de changement : adoption de nouvelles technologies flexibles et adaptation des structures organisationnelles aux nouvelles modalités productives. L'analyse sociétale qui inspire leur recherche suggère aux auteurs une seconde hypothèse complémentaire. Certaines caractéristiques de la société française viennent moduler ces changements, autant dans leurs formes que dans leur temporalité, et font apparaître une diversité de situations au sein d'un même mouvement général de modernisation.

2.1. Implantation de machines-outils à commande numérique et dynamique organisationnelle

La première entreprise, sous-traitante du secteur automobile, a opté pour une stratégie de diversification qui exige de ses installations flexibilité et qualité. Elle a acquis des centres d'usinage dispendieux qui devaient répondre à ses attentes en matière de capacité productive, d'adaptabilité, de précision d'usinage et de réduction des coûts par une diminution des pertes et des erreurs. Or, les chercheurs constatent que, contrairement aux efforts de modernisation technologique déployés, l'organisation du travail évolue peu et que l'entreprise s'achemine vers une reproduction de ses anciennes structures organisationnelles. La direction recourt à une gestion externe de sa main-d'œuvre en misant sur l'arrivée de nouveaux diplômés plus qualifiés plutôt que d'investir dans le personnel déjà en poste. Ainsi, la fonction programmation des nouvelles machines n'est pas accessible aux opérateurs jugés insuffisamment qualifiés et elle demeure confinée au bureau des méthodes, tandis que les régleurs et les chefs d'équipe enrichissent leurs tâches de nouvelles opérations d'ajustement des équipements, de réglage des outils et d'interventions sur les nouveaux programmes. On assiste donc à une reproduction de l'ancienne division entre les tâches d'exécution et d'organisation du travail tandis qu'un nouvel espace professionnel se développe au sommet de l'entreprise autour du directeur technique et de son équipe. Pendant que la structure hiérarchique se gonfle et que le poids de l'encadrement direct augmente, l'espace de qualification ouvrière se rétrécit et laisse craindre une rupture entre les opérateurs, d'une part, et les employés qualifiés occupant les postes de régleurs, de programmeurs et d'encadrement professionnel, d'autre part. La modernisation ne rime pas ici avec professionnalisation du travail, mais annonce plutôt une polarisation des compétences soutenue par une gestion externe de la main-d'œuvre.

La deuxième entreprise étudiée par le groupe de chercheurs œuvre dans le secteur de la production de machines-outils et emploie huit cents travailleurs au moment de l'enquête. Anciennement productrice d'une gamme importante de machines-outils fabriquées presque sur mesure selon un mode quasi artisanal, elle se spécialise maintenant dans la production d'une seule machine-outil à commande numérique. Ce choix stratégique l'oblige à revoir son organisation et à intégrer la composante électronique aux anciennes composantes mécaniques. Cette intégration technique suppose une nouvelle collaboration entre les anciens mécaniciens et les nouveaux électroniciens et un partage différent des espaces professionnels. Parallèlement à cette première transformation organisationnelle, la fabrication des produits selon des caractéristiques plus standardisées incite l'entreprise à intégrer davantage ses équipes fonctionnelles qui avaient l'habitude de travailler en vase clos.

Contrairement au cas précédent, cette entreprise a opté pour une gestion interne du changement en misant sur une redéfinition des espaces professionnels de ses mécaniciens. Elle a favorisé un partage plus équitable de la fonction programmation et une meilleure intégration de ses services professionnels. Ainsi, l'espace de qualification des opérateurs a été élargi à des tâches de réglage des machines et à certaines interventions de programmation grâce à des formations que les programmeurs leur ont données. L'autonomie acquise par les opérateurs a libéré d'autant les programmeurs qui peuvent se concentrer davantage sur leur tâche de conception et de choix de moyens. Contrairement au conflit appréhendé entre les opérateurs et les techniciens, ce partage des responsabilités a contribué à enrichir leurs compétences respectives. Coopération rime ici avec enrichissement des qualifications. La coordination des équipes de travail et l'intégration des services ont été rendues possibles par un choix de gestion qui visait à réduire la division entre les tâches d'exécution et de planification.

L'analyse de la troisième entreprise rappelle la nécessité de prendre en considération l'état des rapports sociaux et de leurs effets possibles sur l'implantation des nouvelles technologies et sur l'ajustement des structures organisationnelles des entreprises. Il s'agit d'une fabrique de moules, filiale d'un important groupe verrier, qui recourt à des ouvriers hautement qualifiés. L'introduction de nouvelles machines-outils à commande numérique visait à maintenir une production de qualité tout en augmentant la productivité du travail et en réduisant les temps de réponse aux commandes. La direction a souhaité établir une nouvelle collaboration à laquelle le syndicat a répondu par une demande de maintien des qualifications et un ajustement salarial. Malgré un accord qui garantissait aux opérateurs leur passage au rang de techniciens et qui leur assurait la formation nécessaire, l'observation sur le terrain démontre que leurs responsabilités s'arrêtent au seuil de la programmation, révélant ainsi ce que les auteurs appellent un paradoxe bien français relativement aux limites imposées à l'accès aux fonctions qualifiantes du travail. Ces limites découlent des rapports sociaux qui interviennent dans l'attribution de la fonction programmation et qui ont pour effet de reproduire, dans un contexte technique renouvelé, l'ancienne division du travail et le vieux système de classification des emplois et des qualifications. Plutôt que de créer de nouveaux espaces de qualification professionnelle par une gestion de la polyvalence et de la flexibilité interne de la main-d'œuvre, cette entreprise demeure enfermée dans une logique de rapports sociaux orientée vers une gestion restrictive de la main-d'œuvre, d'où des réserves de productivité inutilisées.

2.2.   Innovation industrielle et cohérence sociétale

Derrière la diversité de ces trois trajectoires de mobilisation technologique et d'adaptation organisationnelle, les chercheurs retrouvent une singularité sociétale bien française aux plans de l'introduction des nouvelles technologies, de la restructuration organisationnelle et des relations professionnelles.

Il appert, en premier lieu, que les entreprises accordent à la technologie une valeur qui dépasse largement ses attributs et qu'elles lui reconnaissent le pouvoir de résoudre des difficultés qui relèvent davantage de la gestion et de l'organisation que de la technologie. L'ingénieur, en tant que dépositaire vivant des connaissances requises à sa conception et à son fonctionnement, est le principal bénéficiaire en légitimité accrue et en statut professionnel valorisé de cette consécration sociale de la technologie.

Contrairement à d'autres tendances observées ailleurs vers le développement de catégories professionnelles intermédiaires entre les opérateurs et les ingénieurs et vers l'intégration des services fonctionnels, la restructuration organisationnelle des entreprises françaises se caractérise par le maintien du cloisonnement entre les services et la reconduction des anciennes stratifications professionnelles. Ces polarisations sociales et professionnelles cristallisent les intérêts particuliers en zones de compétences exclusives et figent l'organisation dans une sclérose dysfonctionnelle. En reproduisant l'ancienne division du travail, les choix des entreprises françaises maintiennent les anciennes divisions sociales.

La volonté syndicale de négocier des ajustements salariaux en fonction des règles de classification des postes de travail témoigne de l'importance de ce système de classification en France. Mais, il a pour effet d'éloigner les syndicats des véritables enjeux de la restructuration du travail et de la définition des nouvelles fonctions du travail. Rares sont en effet les interventions syndicales qui portent sur l'implantation et la mise en œuvre des nouvelles technologies et sur le partage ou l'attribution de la fonction programmation. Or, ces transformations portent en creux une intégration structurelle des ouvriers aux mécanismes de régulation de la production et du contrôle de la qualité des produits qui semble échapper à la vigilance syndicale. Cela est d'autant plus étonnant dans une société où, selon les dires des chercheurs, les allégeances syndicale et patronale sont antinomiques.

Si les contraintes concurrentielles et l'évolution des marchés impulsent la modernisation des entreprises, leurs transformations présentent en France différents visages : investissements technologiques par à coups qui témoignent de résistances internes et reproduction des anciennes structures organisationnelles qui ralentissent l'adaptation des entreprises au changement.

3. Les présupposés socio-économiques de l'automatisation ou l'automatisation comme construit social

Les comparaisons internationales effectuées par les spécialistes de l'analyse sociétale ont mis en évidence la variété des modes d'organisation consécutive à l'introduction des nouvelles technologies flexibles de production. Des constats similaires ont été faits au sein d'entreprises d'une même formation sociale, ce qui donne à l'analyse sociétale une portée différente et renforce la thèse de l'autonomie des organisations à l'égard du facteur technologique. Si la technologie impose des limites, elle ne détermine pas à elle seule l'organisation dont l'autonomie est susceptible d'inverser la dépendance supposée à l'égard de la technologie. Par exemple, des recherches ont démontré que les objectifs poursuivis par les entreprises, davantage que la technologie utilisée, déterminent leurs structures organisationnelles, et que dans certains cas, la mission des établissements a plus d'influence sur son organisation que son environnement ou le facteur technologique. On n'organise pas une école comme une armée, un service-conseil comme un centre d'appels. C'est pourquoi Freyssenet (1992) se propose d'étudier l'usage et la conception des techniques productives en lien avec les rapports sociaux et les présupposés économiques et sociaux qui président à leur genèse. C'est presque en anthropologue qu'il aborde la conception des systèmes automatisés pour cerner les représentations sociales qui guident les choix techniques inhérents à leur fabrication et à leur conception. Les hypothèses qu'il avance reposent sur sa participation à la conception de systèmes automatisés et sur un questionnement méthodique des motifs justifiant les choix techniques effectués.

La première étape du travail des concepteurs consiste souvent en une mise à distance de l'atelier et du travail réel pour se concentrer sur une conception théorique de la technologie que les entreprises n'auront ensuite qu'à utiliser selon les règles qui leur seront prescrites. Les concepteurs, souvent employés de firmes externes, se privent ainsi d'un ensemble d'informations relatives à l'exécution réelle et concrète du travail qu'ils ont pour mission d'automatiser. Les informations qui leur sont transmises correspondent aux objectifs de l'entreprise, ou reflètent les ambitions des services d'études techniques. L'écart entre le travail prescrit et le travail réel est rarement considéré, et les fonctions de régulation assumées par les opérateurs, souvent dans la clandestinité et sous le couvert de l'anonymat, sont ignorées. Pourtant, elles sont essentielles à la fabrication en quantité et en qualité des produits et à l'atteinte des objectifs. Cette séparation de la conception et du travail réel explique les tests et les ajustements nécessaires lors de la phase de mise au point des technologies, et aura pour effet de contraindre éventuellement les opérateurs à suppléer à leur inadaptation.

Parmi les présupposés de l'automatisation, celui de la réduction des coûts salariaux par la diminution du nombre des opérateurs et des ouvriers d'entretien est souvent prioritaire. Elle dépend alors de la qualité des observations effectuées en atelier durant la phase précédente et de l'identification des causes des arrêts des systèmes et des défauts de fabrication. Une première solution consiste simplement à installer des alarmes ou des dispositifs d'arrêts automatiques qui réduisent la surveillance humaine et libèrent les opérateurs pour d'autres tâches. Elle peut aussi être obtenue par une réduction des temps de localisation des incidents, de diagnostic et de remise en marche des installations. Mais, la correction des causes réelles est souvent reportée à plus tard, ce qui entraîne une répétition des incidents et une diminution des temps réels d'utilisation des équipements. Si les taux de marche des installations augmentent au début de leur utilisation, la stratégie des réparations partielles diminue leur fiabilité à moyen terme et affecte progressivement leurs taux d'engagement.

L'autre objectif de l'automatisation est la réduction de l'incertitude attachée au facteur humain. L'opérateur n'est pas infaillible et sa position de salarié ou de coéquipier peut le rendre sensible à d'autres considérations que celles strictement techniques ou économiques. Considérant les coûts des installations, on conçoit facilement la préoccupation des entreprises de rendre les processus productifs transparents et de les préserver des erreurs humaines. C'est la raison pour laquelle les concepteurs d'installations, souvent ingénieurs de formation, privilégient des solutions techniques aux problématiques sociales et visent à réduire cette source d'incertitude. Pour eux, plus le système est transparent et prescriptif et plus il réduit l'intervention humaine, plus il est sûr. Cette préférence pour les solutions techniques repose sur une conception de la technologie comme porteuse de progrès social. La marche irréductible du progrès technologique justifie le recours à des techniques qui, sous prétexte de réduire l'erreur humaine, privent les opérateurs des fonctions les plus intéressantes de leur travail et des tâches les plus stimulantes qui justement les maintiennent en état d'alerte. La limitation des interventions des opérateurs aux tâches les plus indispensables n'est-elle pas la cause principale des erreurs humaines ? Celles-ci ne résultent-elles pas, d'autre part, de l'inaction des opérateurs et de la forte concentration que leur travail exige ?

L'ensemble de ces présupposés sociaux et économiques induit donc une forme particulière d'automatisation, socialement déterminée et construite, qui à son tour influence l'organisation du travail. L'auteur qualifie « d'enrichissantes » par opposition à « qualifiantes » les organisations qui confient aux conducteurs d'installations automatisées les premières opérations de contrôle, de maintenance et de changement des outils. Mais, dans tous les cas, il s'agit d'opérations préalablement simplifiées par l'introduction de différents automatismes de repérage, de diagnostic, de correction et de réglage. L'incorporation aux machines des connaissances requises à l'exécution de ces opérations diminue d'autant les qualifications nécessaires à leur conduite. Par exemple, le contrôle de la qualité peut consister seulement à retirer les pièces défectueuses, et le changement des outils se limite souvent à leur fixation sur la machine parce qu'ils ont été préalablement réglés et qu'ils sont prêts à être utilisés. En somme, l'ajout de ces nouvelles opérations ne permet pas à l'opérateur d'acquérir « l'intelligence pratique » et opératoire des installations qu'il pilote et se traduit par des réductions de postes de régleurs, de contrôleurs et de retoucheurs. Au lieu de réduire l'ancienne division du travail, les nouvelles formes d'organisation l'accentuent en maintenant une séparation entre les conducteurs-dépanneurs des installations et les spécialistes capables de traiter les pannes majeures. On assiste donc, selon Freyssenet, à l'émergence d'un nouveau modèle productif caractérisé par la combinaison d'une automatisation prescriptive et d'une organisation qui accentue la division du travail en excluant les opérateurs des fonctions les plus qualifiantes.

Le mérite de cette étude ne consiste pas seulement à rappeler que le développement et la diffusion des technologies productives sont déterminés économiquement et socialement, mais réside dans la démonstration qu'elles sont socialement construites par la prise en compte, dès leur conception, d'objectifs sociaux et économiques. Si leur fabrication découle de l'application de principes techniques, leur mise en œuvre relève de représentations sociales de ce que doit être un système fluide et performant, capable de fonctionner à l'abri des erreurs humaines et de réduire l'implication du facteur humain à une portion congrue de ses capacités. C'est pourquoi les systèmes automatisés sont contraignants et prescriptifs. S'ils influencent le contenu du travail et son organisation, c'est parce qu'ils ont été socialement déterminés. Ils réfèrent alors au rapport salarial en vigueur et à la division du travail que celui-ci détermine.

Conclusion

La question posée dans ce chapitre est celle de la nature et de la direction de la relation qui existe entre la technologie et l'organisation du travail. Trois thèses ont été exposées suivant l'ordre chronologique de leur apparition dans le champ scientifique. La thèse du déterminisme technologique, dont les travaux de Thompson et de Perrow présentent des synthèses remarquables, a été suivie par une étude inspirée de l'analyse sociétale qui rappelle la nécessité de pondérer le caractère déterminant de la technologie par son insertion dans les rapports sociaux qui influencent la dynamique des acteurs. Davantage que le facteur technologique, ces jeux structurés expliquent l'organisation du travail, les pratiques de gestion de la main-d'œuvre, la reconnaissance des qualifications ouvrières et la coordination de l'effort collectif. Enfin, le point de vue de Freyssenet inverse la thèse du déterminisme technologique en démontrant que, non seulement le développement et la diffusion des technologies sont socialement déterminés, mais surtout que leur conception même prend en compte un ensemble de considérations sociales et économiques. En fait, les installations automatisées reflètent les choix effectués par leurs concepteurs qui font leurs les orientations organisationnelles et les impératifs économiques de leurs mandants. Or, ces présupposés dérivent du rapport salarial dominant et leur incorporation aux machines explique pourquoi les nouvelles technologies s'insèrent si facilement dans la division du travail et qu'elles soient si contraignantes et prescriptives aux yeux de leurs utilisateurs. Pour ces raisons, les systèmes productifs sont autant, sinon plus, des construits sociaux que des systèmes techniques.

DEUXIÈME PARTIE
LES VOIES DE LA MOBILISATION
DES RESSOURCES PRODUCTIVES

II
Informatisation et fonctions de conception et d'exécution

Introduction

Un aspect important de la division du travail réside dans la répartition des fonctions de conception et d'exécution. La sociologie du travail en a fait un de ses thèmes de prédilection et l'acuité de cette problématique émerge à chaque percée technologique, la dernière étant l'informatisation des processus productifs. Avant que les spécialistes y consacrent leurs premières analyses, plusieurs auteurs ont tenté d'en cerner les causes et les effets. Il revient probablement à Marx d'en avoir fait l'analyse la plus percutante dans ses travaux consacrés au passage de la manufacture à la grande industrie.

La division technique du travail et la division entre le travail manuel et le travail intellectuel ne sont pas pour Marx de simples mécanismes de régulation de la main-d'œuvre, mais relèvent de la division sociale du travail, c'est-à-dire de la division de la société en classes sociales. L'intensification du travail et l'augmentation de sa productivité permettent à la grande industrie de libérer les travailleurs de tâches directement productives pour les affecter à de nouvelles fonctions d'encadrement, de surveillance et de coordination. La séparation des tâches d'exécution des fonctions de planification et de coordination du travail est donc intimement liée à la division technique du travail, elle-même dépendante des nouveaux rapports de production du capitalisme. En fait, le regroupement des ouvriers, la concentration des moyens de production, la subordination des travailleurs à la mécanisation des opérations et la séparation des fonctions de conception et d'exécution du travail s'expliquent par l'apparition du nouveau rapport salarial entre le capital et le travail.

Cette orientation théorique a inspiré maintes recherches au cours des années 70, dont celle de Braverman (1976) qui a brisé une conception libératrice de l'automatisation largement partagée par la population et la communauté scientifique. Au même moment, une importante centrale syndicale française (CFDT, 1977) publie une critique sévère des nouvelles formes d'organisation et de division du travail basée sur une série d'études effectuées dans différents secteurs à haut niveau technologique dont ceux de la chimie, du nucléaire, de l'informatique, de la télécommunication et du pétrole. Pour la centrale syndicale, l'automatisation déqualifie le travail plus souvent que le contraire, et son implantation a pour but de remplacer des ouvriers qualifiés par des machines ou par des travailleurs spécialisés tout en introduisant de nouveaux mécanismes de régulation de la production et de contrôle des opérations. Elle soutient que l'automatisation offre l'occasion de pousser plus loin la logique de la division entre le travail de conception et d'exécution en programmant à l'avance tous les scénarios possibles et en réduisant par le fait même le travail d'exécution à de simples opérations de surveillance et d'application de procédures préalablement définies. Dans la pratique, « les automatismes matérialisent la division du travail plus nettement que les moyens de production classiques », dénonce la CFDT (1977 : 43). Freyssenet (1984) reprend ce type d'analyse tout en référant au concept de rapport salarial qu'il emprunte à la théorie de la régulation pour expliquer le maintien de la séparation des fonctions d'exécution et de conception lors de l'introduction de nouveaux systèmes automatisés et plus particulièrement de nouvelles machines-outils à commande numérique.

Veltz (1986), en centrant son analyse sur les effets de l'informatisation des systèmes productifs, affirme caduque l'ancienne problématique de la séparation des fonctions d'exécution et de conception et soutient la thèse de l'intellectualisation du travail à l'encontre du point de vue précédent. Sa démonstration repose sur le caractère synthétique des processus automatisés et sur la représentation abstraite que les opérateurs doivent s'en faire. En intervenant sur la base des données fournies par les systèmes automatisés, le travail se distancie de plus en plus de la réalité concrète des processus en cours, et les interventions requises font maintenant appel à de nouvelles compétences. Capacité d'abstraction et de représentation synthétique, habileté à détecter les défectuosités des produits et des outils, aptitude à anticiper les incidents et à en diagnostiquer les causes, et compétence communicationnelle nécessaire à la recherche de solutions, sont les nouveaux attributs des conducteurs d'installations automatisées. Sans nier un transfert des savoirs ouvriers aux systèmes automatisés, Veltz insiste sur les requalifications ouvrières possibles et sur l'élargissement des espaces d'autonomie professionnelle pour tous les acteurs concernés, notamment pour les ingénieurs et les techniciens.

L'objet de ce chapitre est de portée limitée. Il ne vise pas à décrire les effets de l'automatisation et de l'informatisation sur les structures organisationnelles des entreprises ni de prendre la mesure de leur évolution, il n'aborde pas non plus l'impact des technologies sur les processus décisionnels ni sur les pratiques de gestion des ressources humaines. Il souhaite plus modestement cerner l'évolution d'une dimension centrale de la division du travail, à savoir l'allocation des fonctions d'exécution et de conception du travail dans un contexte de production automatisée et au moment où l'informatique pénètre de plus en plus le monde industriel. Pour y voir clair, le chapitre cible un groupe de salariés considérés comme formant une catégorie professionnelle de référence parce qu'ils œuvrent dans un secteur à la fine pointe de l'évolution technologique. Plusieurs travaux ont été consacrés, en effet, aux opérateurs et aux régleurs de machines-outils qui constituent une sorte d'élite ouvrière par leur qualification professionnelle. C'est donc sous l'angle de leur occupation qu'est analysé le partage des fonctions de conception, de régulation et d'exécution de la production automatisée. Est-ce que les transformations des contenus du travail impulsées par l'automatisation et l'informatisation des processus productifs induisent de nouvelles formes d'organisation du travail et favorisent un nouveau partage de ces fonctions, comme le soutient Veltz, ou se dirige-t-on vers une simple reproduction des anciennes structures tayloriennes avec un déplacement des espaces professionnels, comme l'affirme Freyssenet ? Avant de présenter ces deux thèses, l'étude comparative menée par Cavestro (1984) permettra d'identifier les configurations organisationnelles et les modes de répartition des qualifications que l'introduction des machines-outils à commande numérique autorise.

1. Une étude comparative de l'allocation de la fonction de programmation

La revue Sociologie du travail consacre en 1984 un numéro spécial à la qualification du travail dans un contexte d'automatisation. Plusieurs recherches présentées dans ce numéro portent sur l'utilisation de machines-outils à commande numérique dans le secteur de l'industrie mécanique et en décrivent les effets sur la division et la qualification du travail. Elles établissent un même constat relatif à une certaine diversité des formes d'organisation et de qualification du travail. L'étude comparative de Cavestro qui porte sur une trentaine d'entreprises de ce secteur cerne de façon particulièrement claire les scénarios possibles de la répartition de la nouvelle fonction programmation de ces machines et du développement potentiel des capacités des opérateurs à maîtriser ou non les nouveaux processus de travail. Malgré les opportunités organisationnelles offertes par ces technologies, le maintien des anciennes structures organisationnelles et la centralisation de la fonction programmation persistent dans les entreprises françaises.

Au plan organisationnel, deux tendances opposées caractérisent l'allocation de la fonction programmation entre l'atelier et le bureau de méthode. La tendance principale observée souligne l'absence au niveau de la production de la fonction programmation et son intégration aux services des méthodes. Dans ce cas, l'organisation du travail reproduit le modèle taylorien et maintient l'ancienne division entre les fonctions de conception et d'exécution. La deuxième tendance, très minoritaire, consiste à confier à l'atelier la programmation, principalement dans le secteur très spécialisé de la mécanique de précision et de l'outillage.

L'analyse de la répartition des trois tâches associées à l'utilisation des machines-outils à commande numérique révèle différents scénarios plus ou moins qualifiants pour les opérateurs. La première tâche consiste à régler les outils sur la machine et à installer les pièces à usiner. Ce travail est ordinairement réalisé en atelier. Pour le lancement des programmes et leur vérification par des tests, trois possibilités se présentent. La coopération entre les régleurs et les opérateurs est la situation la plus fréquemment observée. Dans les plus grandes unités de production, cette tâche est ordinairement assurée par les régleurs en collaboration avec les programmeurs. Enfin, on note quelques cas où les opérateurs seuls procèdent au lancement des programmes. La surveillance de la production en cours, l'exécution des ajustements nécessaires et le contrôle des processus constituent la troisième tâche. C'est la tâche la plus stable qui, selon les niveaux de qualification des opérateurs, autorise différentes modalités d'exécution. En somme, il n'y a pas de banalisation automatique des savoir-faire ouvriers et « les observations sur le terrain soulignent une relative disparité des situations » (Cavestro, 1984 : 442), eu égard à l'implantation de technologies comparables, affirme l'auteur.

En dépit du fait que les machines-outils à commande numérique mémorisent les connaissances et habiletés des anciens ouvriers qualifiés et qu'elles s'accompagnent de mécanismes de contrôle de l'exécution des opérations, l'auteur constate tout de même une certaine appropriation par les opérateurs des codes et des langages des nouvelles machines. Mais, cela n'est possible que dans les entreprises qui reconnaissent et valorisent les capacités des opérateurs et qui favorisent le transfert des connaissances détenues par le service des méthodes vers l'atelier. Or, ces entreprises sont peu nombreuses. La nature des rapports sociaux en présence et les jeux des acteurs, plus que les technologies, déterminent l'évolution des espaces professionnels. La requalification des ouvriers, l'allocation de la fonction programmation et la division entre les fonctions de conception et d'exécution restent encore largement imprégnées des contraintes tayloriennes malgré les possibilités offertes par les nouvelles technologies.

2. Requalification des opérateurs et rationalisation du travail d'entretien et de dépannage : vers une nouvelle forme de la polarisation du travail

La recherche de Freyssenet (1984) porte sur les effets de l'introduction de systèmes automatisés d'une même génération dans six ateliers de la même entreprise automobile. L'observation révèle diverses modalités organisationnelles et différentes dynamiques de qualification professionnelle malgré la ressemblance des systèmes implantés. Comment expliquer que des technologies comparables permettent de tels écarts ? Peut-on en conclure que les contenus du travail des opérateurs, des régleurs et des services d'entretien évoluent indépendamment de l'implantation des nouvelles technologies ? Répondre affirmativement à cette question serait oublié, selon Freyssenet, que les technologies sont des construits sociaux qui incorporent, dès leur conception, des présupposés sociaux et économiques. Ceux-ci influencent leur fabrication et déterminent ensuite leur utilisation dans des contextes organisationnels qu'ils ont contribué eux-mêmes à façonner[1].

L'incorporation des contraintes financières et sociales aux nouvelles technologies est nécessitée par l'importance des sommes investies et par le fait que la productivité des systèmes automatisés dépend moins des capacités des opérateurs que de la rapidité des régleurs et des services d'entretien à réparer les pannes et à augmenter le temps d'utilisation des installations. Elle vise également à réduire l'incertitude attachée au facteur humain et a pour conséquence de déplacer l'enjeu du contrôle de la production des opérateurs vers les régleurs et les agents d'entretien. En effet, le travail d'entretien devient dans ce nouveau contexte organisationnel un obstacle à une rationalisation accrue du travail industriel. Comment alors rationaliser de manière efficiente les interventions de ces ouvriers qualifiés, habitués qu'ils sont à une large autonomie d'exécution, et imprégnés d'une culture de métier qui s'appuie sur une forte identité professionnelle ? Comment obtenir d'eux un engagement suffisant pour minimiser les temps d'arrêt et maximiser l'utilisation des systèmes automatisés ? Freyssenet soutient que la requalification des opérateurs, même partielle, favorise la reconfiguration organisationnelle souhaitée et contribue à spécialiser davantage le travail d'entretien en le déqualifiant.

En effet, l'automatisation mise en œuvre dans les différents ateliers étudiés supprime d'anciennes opérations manuelles particulièrement pénibles de manutention, de chargement et déchargement, et incorpore aux machines des

---

[1] Voir le chapitre précédent pour un exposé plus complet de cette thèse de Freyssenet.

habiletés de réglage, d'anticipation des incidents et de surveillance des opérations. L'enrichissement du travail observé chez les opérateurs consiste en l'ajout de nouvelles responsabilités dont celles d'effectuer l'échange et le réglage de certains outils, de contrôler les pièces, d'analyser sommairement les incidents et d'effectuer les dépannages les plus simples. Il permet quelquefois aux opérateurs d'obtenir une classification avantageuse, mais heurte les intérêts des ouvriers d'entretien qui voient leur statut diminuer et le contrôle sur leur travail se réduire. Ils craignent, de plus, une baisse de la fiabilité à moyen terme des installations, à la suite de dépannages superficiels qui ne corrigent pas les causes des arrêts. En somme, les régleurs perdent du terrain, quand ce n'est pas leur emploi, et la fabrication, en réalisant certaines tâches de dépannage, empiète sur leur domaine d'intervention. Mais, cette réorganisation risque d'être temporaire parce que les automatismes en cours de conception affecteront, lorsqu'ils seront implantés, les tâches des opérateurs. Par contre, les pressions à un engagement maximal des installations inciteront les entreprises à leur confier de nouvelles responsabilités au détriment, possiblement, des employés de l'entretien.

Analysée sous l'angle du contrôle du travail productif, l'introduction des nouvelles installations automatisées entraîne de nouvelles configurations organisationnelles dont certaines favorisent une requalification des opérateurs. Celle-ci semble être le moyen utilisé pour redéfinir la tâche des régleurs qui apparaissent comme les grands perdants de cette modernisation technologique. Du coup, l'enjeu du contrôle de la production passe d'une catégorie professionnelle à une autre. Les formes sociales actuelles d'automatisation continuent donc à reproduire, selon diverses modalités et dans des formes modifiées, l'ancienne division du travail entre les fonctions d'exécution et de conception dont l'ultime explication réside, selon l'auteur, dans le rapport salarial tel que la théorie de la régulation le définit.

3. Intellectualisation de la production et remodelage du travail industriel

La position de Veltz (1986) marque un tournant dans la perception et la compréhension des effets de l'informatisation des systèmes automatisés. À la suite de la crise du taylorisme et du fordisme qui perdure alors, Veltz soutient que les entreprises opèrent une remise en cause de leur façon de faire et que l'informatisation des processus productifs modifie en profondeur la relation entre la technologie et l'organisation en contribuant à intellectualiser le travail de production. L'intellectualisation de la production oblige les entreprises à redéfinir le tandem technologie-organisation et à revoir l'ancienne séparation tayloriste des fonctions de conception et d'exécution du travail. En étudiant la nature des mutations techniques en cours et leurs effets sur les modèles d'organisation du travail, et en analysant les nouveaux espaces d'autonomie professionnelle qui se créent, Veltz se propose d'interroger de manière critique les représentations sociologiques de ces transformations. Il remet en cause les approches trop centrées sur le seul travail directement productif et les recherches qui privilégient l'angle du contrôle de la production, parce qu'elles se privent d'une vue d'ensemble du processus de production dont l'analyse doit aussi inclure le travail de conception, de planification et d'organisation. Il entend considérer toutes les interactions sociales, y compris celles des ingénieurs et des techniciens, et se propose de centrer son analyse sur les normes qui encadrent les comportements de tous les acteurs concernés.

L'automatisation flexible et l'informatisation de la production déclenchent, selon Veltz, une véritable mutation technico-organisationnelle qui remet en cause l'ancien schéma taylorien-fordien d'organisation. Toutes les dimensions de l'entreprise sont touchées, en particulier ses modes de gestion et de calcul de la productivité. Les normes tayloriennes de productivité du travail qui se fondaient sur la relation homme-machine et qui allouaient des temps opératoires pour chaque tâche effectuée sont inadaptées aux systèmes automatisés. Le travail humain est maintenant distancié du temps-machine, et l'enjeu de la productivité se déplace conséquemment du travail direct vers les taux d'engagement des installations. En fait, plus le système est performant, moins l'opérateur intervient. Cette rupture par rapport à la norme taylorienne de l'efficience du facteur humain se double d'une remise en question du modèle fordien car un nouveau couple technologie-organisation est en train de se recomposer. Caractérisé par une production en grandes séries et sécurisé par des stocks-tampons, le modèle fordien est devenu caduc par la diversité des produits et la flexibilité de la production que l'automatisation et l'informatisation rendent possibles.

Comment alors articuler dans un modèle cohérent les nouvelles tendances observées en matière d'organisation du travail dont celles du travail en équipe, de la diminution du temps de travail réel, de la moindre mobilisation des opérateurs, simultanément à la réduction du nombre d'incidents, aux définitions de plus en plus imprécises des tâches et aux frontières qui s'atténuent entre la fabrication et l'entretien ? Là où Freyssenet enregistrait une requalification partielle du travail des opérateurs et une déqualification tendancielle du travail d'entretien, constat qui apparaît réducteur à Veltz, celui-ci observe plutôt un ensemble d'éléments qui peuvent difficilement être saisis et rendus compréhensibles par les catégories classiques de la qualification et du contrôle du travail. Il met également en garde contre les idées qui lui apparaissent simplistes de la substitution des tâches manuelles par des tâches intellectuelles et de l'incorporation aux machines des savoirs ouvriers avec pour conséquence leur déqualification. La critique fondamentale qu'il formule à l'encontre de ces thèses repose sur le fait que les savoirs investis dans la production ne constituent pas un jeu à somme nulle, où ce qui se perd d'un côté est gagné de l'autre.

On assiste plutôt selon Veltz à un vaste remodelage du travail industriel avec une propension à une intellectualisation des tâches productives. Ce mouvement général se traduit par un ensemble de tendances particulières dont celles de l'augmentation du nombre de tâches qui ne peuvent plus être définies par un simple mode opératoire, par une dissociation accrue entre l'intervention humaine et les transformations en cours, par une représentation abstraite des processus productifs et de leurs signaux, et par une diminution des tâches directement productives consécutivement à une augmentation des tâches de conception. La difficulté à définir les tâches par leur seul mode opératoire témoigne d'un rapprochement des nouveaux contenus du travail des opérateurs avec les caractéristiques du travail intellectuel. Le « flou » de ces définitions s'explique par la polyvalence des travailleurs qui doivent composer avec des aléas variables et gérer des situations imprévues. La fiabilité des systèmes, impératif d'autant plus important que les installations sont fragiles et dispendieuses, exige une circulation constante et rapide des informations et place les opérateurs dans une situation de mutuelle dépendance que Veltz (1992) appelle la *solidarisation* des travailleurs. La libre circulation des informations induit donc un enrichissement des tâches de conception et de mise en forme des informations au détriment des tâches strictement opératoires. Veltz affirme que « l'information devient la matière première stratégique de l'industrie » (1986 : 21), et que le processus d'intellectualisation du travail ne se limite pas à l'atelier, mais qu'il constitue un nouveau mode de réalisation des tâches qui traverse toutes les sphères de l'entreprise.

La réorganisation du travail de fabrication qui a mobilisé l'attention des sociologues du travail n'est qu'un aspect de la reconfiguration générale des entreprises. Même si celle-ci s'opère encore de façon erratique, plus souvent par le bas que par le haut, elle influence déjà les processus d'intégration des fonctions productives et les mécanismes de coordination des services fonctionnels après avoir redéfini les contenus du travail productif. En somme, si la thèse de l'expropriation du contrôle ouvrier de la production et de son transfert aux machines était défendable à l'époque de la mécanisation, elle devient insoutenable, selon Veltz, à l'ère de l'informatisation de la production.

Conclusion

En tant que dimension principale de la division du travail, la répartition des fonctions d'exécution et de conception porte en creux l'enjeu du contrôle de la production et de son organisation. C'est la raison pour laquelle elle est inséparable des rapports sociaux dans lesquels elle s'insère et qu'elle reflète au plan organisationnel le poids des contraintes financières, commerciales et sociales. Dans un contexte de production automatisée où l'industrie recourt de plus en plus à l'informatisation de ses processus productifs, la relation entre les technologies utilisées, la répartition des fonctions d'exécution et de conception et l'organisation du travail n'est pas univoque. Si le déterminisme technologique est rejeté, l'autonomie de l'organisation n'est pas absolue. Même s'il y a consensus sur le fait que les savoirs ouvriers sont dans une certaine mesure incorporés aux machines, il n'en demeure pas moins que celles-ci laissent place à une certaine diversité organisationnelle et que différentes recompositions des qualifications sont possibles comme l'indique l'analyse comparative de Cavestro. Mais le partage des qualifications et le remodelage organisationnel doivent respecter les frontières que les rapports sociaux délimitent. À cet égard, deux thèses et un constat ont été discutés.

Freyssenet soutient que les technologies, nouvelles ou anciennes, ne sont pas neutres puisqu'elles incorporent, en plus des savoirs ouvriers, des exigences d'efficacité opérationnelle et de rentabilité économique. La réduction des coûts salariaux doit compenser l'augmentation des charges financières découlant de leur fabrication, et leur fiabilité technique doit neutraliser le handicap que constitue l'incertitude associée au facteur humain. Les technologies sont donc des construits sociaux conçus pour s'insérer à moindre coût dans les formes socialement déterminées de l'organisation du travail, même si ce faisant les qualifications doivent être réparties autrement et que l'allocation des fonctions d'exécution et de conception du travail doit être revue.

C'est une tout autre description des transformations en cours que Veltz présente. Il convient avec Freyssenet que les exigences de diversification de la demande et des clientèles obligent à une production flexible, et que le nouvel enjeu organisationnel n'est plus le temps de travail humain, mais celui du taux d'engagement des machines. Mais, là s'arrête leur accord. Pour Veltz, le modèle taylorien-fordien est dépassé et le travail connaît une véritable mutation dont les transformations ne se limitent pas à son organisation puisqu'elles traversent l'entreprise de part en part. Il soutient que l'industrie opère un remodelage substantiel qui se caractérise par une intellectualisation progressive de ses processus. La circulation des informations favorise la création de nouveaux espaces de qualification professionnelle qui entraînent un enrichissement des tâches de conception et une réduction des tâches d'exécution. Il soutient finalement que la problématique de la division entre les tâches manuelles et intellectuelles est dépassée comme le modèle organisationnel taylorien-fordien qui la fondait.

DEUXIÈME PARTIE
LES VOIES DE LA MOBILISATION DES RESSOURCES PRODUCTIVES

III
Relation de service : entre standardisation et personnalisation

Introduction

Une des caractéristiques importantes de la dynamique commerciale des Trente Glorieuses résidait dans le contrôle des marchés par les grandes entreprises qui, tout en répondant aux besoins des consommateurs, façonnaient la demande à coup de publicité. On produisait pour vendre, et la demande venait à la rencontre de l'offre. La saturation progressive des marchés et les limites à la diversification des produits à partir d'un modèle commun ont poussé les entreprises à développer d'autres stratégies commerciales. En phase avec les valeurs montantes de distinction sociale pour reprendre une expression de Bourdieu et d'affirmation individualiste des clients, les stratégies marketing se sont orientées vers la personnalisation des produits et la segmentation des marchés.

En cumulant et en traitant les informations sur l'évolution des marchés et les goûts des consommateurs, les nouvelles technologies de l'information ont permis aux entreprises de cibler leurs clientèles avec plus de précision, tout en facilitant l'ajustement de leur production aux exigences des marchés. La dynamique des relations commerciales s'est ensuite progressivement inversée à l'avantage de la demande qui tente d'imposer aux entreprises ses critères de performance et de qualité. La concurrence aidant, les entreprises ont dû prendre en considération les attentes des clients, quitte à transformer leur organisation du travail et à développer de nouvelles façons de produire et de rendre des services. Une production de meilleure qualité, une offre de services sur mesure, un respect plus strict des exigences de la clientèle, et une plus grande adaptation aux goûts des consommateurs sont des stratégies qui s'imposent aujourd'hui aux entreprises confrontées à des clients qui revendiquent la suprématie de leurs besoins sur l'offre des produits et des services.

On peut considérer que le modèle de production japonais commandé par l'aval représente une première réponse à cette suprématie de la demande, où la figure du client, par la diversité de ses goûts et la spécificité de ses exigences, influe sur les caractéristiques des produits et oblige l'entreprise à flexibiliser son organisation du travail et à diversifier sa production (Ughetto, et alii, 2002). Plutôt que de produire une gamme de produits plus ou moins différenciés en recherchant des économies d'échelle, l'automatisation flexible permet de répondre aux commandes reçues en pilotant la production par l'aval. Dans le secteur des services, l'orientation-client transforme progressivement la rencontre de l'offre et de la demande en une relation de type professionnel où l'entreprise propose une expertise à un client qui recherche une solution à un problème spécifique et souvent complexe. Dans l'industrie, comme dans le secteur des services, la simple réaction à la demande cède donc le pas à un échange plus large qui, en visant la satisfaction du client, construit avec celui-ci une offre de produit ou de service personnalisée.

Si on part de l'hypothèse que les clients dominent les marchés, on ne peut en contrepartie réduire les établissements à une simple fonction d'exécution de leurs attentes ou concevoir les entreprises comme des instances entièrement dévouées à la réalisation de leurs désirs. Si les entreprises ne peuvent domestiquer complètement les marchés comme elles le faisaient à une certaine époque, elles tentent néanmoins d'orienter la demande en fonction de leurs capacités à y répondre. Il n'est donc pas faux de penser que les entreprises œuvrent autant à satisfaire les clients qu'elles cherchent à baliser leur demande. Elles souhaitent, en fait, régulariser l'évolution de la demande en fonction de leurs avantages concurrentiels et définir leurs offres de produits ou de services en considérant les paramètres de production qu'elles sont susceptibles de mettre en oeuvre. D'ailleurs, les services de recherche-développement et de marketing s'y emploient avec toute la rigueur de leurs outils prévisionnels, et leurs études de marché fournissent aux entreprises des profils de clientèles par catégories de goûts, de prix et de standards de qualité. Les clients ne sont-ils pas mieux servis si les services marketing réussissent à bien identifier leurs caractéristiques économiques et sociales et à prévoir l'évolution de leurs besoins ?

Dans ce face à face des organisations et des marchés, les salariés sont confrontés aux impératifs des premières et aux demandes des seconds. Les besoins des clients sont évidemment pondérés à la lueur des coûts qu'ils génèrent, et les propositions de service que les salariés avancent traduisent, en fait, les marchandages qu'ils ont nécessairement effectués afin d'offrir aux clients un produit ou un service qui tient compte des capacités des organisations et de leurs objectifs. Si les services publics présentent des situations de concordance relative entre les besoins exprimés et les services offerts, grâce souvent à la définition des uns et des autres par les professionnels de la prise en charge, la rencontre des demandeurs et des producteurs de services dans le secteur privé oblige à des ajustements dont les particularités résultent de leurs interactions.

Dans un cas comme dans l'autre, le face à face relationnel qu'implique la relation de service est conditionné par les rôles que les acteurs acceptent de jouer. Si le client représente le marché par ses choix de consommation, il est aussi l'usager en détresse qui se présente à l'hôpital et qui confie son corps aux spécialistes de la médecine. Au-delà de ces figures extrêmes, le client est aussi l'acteur ou le coproducteur des services qu'il reçoit par les informations qu'il transmet et par son implication dans la prestation même du service (par exemple, l'étudiant qui participe à sa formation). Si les attentes du client fondent la mission des établissements et que ses exigences déterminent leurs normes de production, la représentation sociale du client peut aussi être instrumentée aux fins des intérêts des organisations qui prétendent le servir. L'évocation de son image sert alors de prétexte à l'instauration de systèmes de production flexible, à la rationalisation des opérations et aux appels à la responsabilisation des salariés. De l'autre côté de la relation de service, les salariés sont invités à interpréter la demande du client, à concevoir les solutions les plus appropriées aux problèmes qu'il soulève, et à négocier ou à effectuer la prestation attendue. À des degrés divers et dépendamment des contextes, ils doivent solliciter leurs connaissances techniques, scientifiques et organisationnelles dont la mobilisation constitue, en fait, la base même de la relation de service. Bref, la qualité du service rendu dépend de l'interaction des acteurs concernés et de l'accès qu'ils ont aux ressources des organisations qui encadrent leurs échanges.

De plus, la relation de service est l'occasion d'une rencontre humaine au cours de laquelle les acteurs, campés dans leurs rôles respectifs, entrent en communication et construisent dans la réciprocité une relation sociale qui influe sur la nature même du service rendu. Si cette dynamique conditionne le déploiement des ressources de l'organisation par le prestataire, elle influence aussi son engagement personnel et détermine en retour la satisfaction que les acteurs de la relation de service en retirent. En effet, autant cette relation peut être la source d'un d'un enrichissement professionnel et d'un accomplissement personnel, autant elle peut constituer un facteur de stress individuel et d'épuisement psychologique. Autant elle peut être porteuse d'un rapport à l'autre valorisant, autant la subordination de la relation de service à des fins qui lui sont étrangères peut constituer une source d'aliénation pour les acteurs impliqués. Par exemple, un prestataire, soumis à des normes de productivité difficiles à rencontrer et qui supporte une charge de travail élevée due à une trop forte intensification de ses prestations, peut être amené à négliger un client qui, insatisfait de son comportement, devient hostile.

Rien n'est donc joué à l'avance dans l'échange relationnel qu'implique une relation de service, et si les prestataires sont appelés à jouer différents rôles et que les clients présentent autant de visages, leurs interactions donnent lieu à de multiples configurations relationnelles. Certaines de ces configurations accordent au client un rôle dominant et réduisent à la servitude les prestataires comme cela semble être le cas chez les guichetiers de La Poste observés par Jeantet (2003). D'autres, par contre, se caractérisent par une dynamique relationnelle valorisante pour les salariés comme chez les agents de voyage étudiés par Priou-Hasni (2007). Si certaines situations offrent le spectacle de relations instrumentées et dénaturées telles que celles décrites respectivement par Dujarier (2006) et Beauquier (2005), d'autres enfin oscillent entre standardisation et personnalisation et laissent entrevoir des formes hybrides de prestations de service comme celles analysées par Amiech (2005).

1. La relation de service valorisante au sein des agences de voyages

La recherche de Priou-Hasni (2007) porte sur la forme la plus récente de l'offre de service : le sur-mesure. Elle a choisi les agences de voyages comme terrain d'étude où elle a effectué une cinquantaine d'observations participantes et mené autant d'entretiens semi-directifs auprès des vendeurs et des clients. Ces agences offrent à leurs clients des produits à la carte ou totalement construits à partir de leurs attentes. Le sur-mesure de cette offre de service permet aux clients de particulariser leur projet de voyage en choisissant parmi une gamme de produits standardisés (hôtels, restaurants, sites à visiter, activités, etc.), ceux qui conviennent le mieux à leur goût et à leur personnalité. Leurs choix reflètent évidemment leur statut social et contribuent d'une certaine manière à l'affirmation de leur identité en tant qu'individu singulier.

Contrairement aux études centrées sur la relation produit-client et consacrées à l'analyse de la consommation et de ses effets, Priou-Hasni a préféré se tourner du côté des vendeurs et de la relation qu'ils entretiennent avec les clients. Dans une perspective interactionniste et en s'inspirant de la sociologie de la vente qu'elle oppose à la sociologie de la consommation, elle se propose d'analyser le phénomène que constitue la rencontre d'un client et d'un vendeur pour comprendre l'élaboration d'un produit sur mesure et saisir en quoi les compétences du vendeur, de son métier et de ses comportements sont affectés par cet échange commercial. Son hypothèse repose sur le fait que toute transaction de ce type implique une relation sociale, et que sa personnalisation et la satisfaction du client dépendent de la capacité du vendeur de la mener avec doigté et compétence.

Contrairement aux enseignements que l'on retrouve dans les manuels de gestion des ventes et de publicité, le bon vendeur n'est plus celui qui se fie à son bagou pour convaincre, mais plutôt celui que sait écouter le client et qui, au-delà de ses silences et des non-dits, sait comment, au fil de leur échange, lui faire entrevoir le projet qu'il souhaite réaliser. Son art réside moins dans sa force de persuasion que dans sa capacité à faire sentir au client son caractère unique, et à l'amener à voir dans le produit offert la réponse la plus adaptée à sa demande. Comme les besoins des clients sont illimités et que l'imaginaire ne connaît pas de frontière, le vendeur doit donc concilier le rêve des voyageurs avec l'offre des produits disponibles. Une offre de produit sur-mesure mobilise ainsi un ensemble d'habiletés et de savoirs qui vont bien au-delà de la simple combinaison des produits référencés dans les catalogues mis à sa disposition des clients. En plus de solliciter des compétences relationnelles et techniques (connaissance des produits et leurs combinaisons possibles), le travail du vendeur consiste à interpréter les besoins du client et, en partant de ses ressources et expériences personnelles, à lui présenter un produit personnalisé, même si ses éléments de base demeurent standardisés.

La personnalisation du produit et la construction d'une offre de service sur mesure relèvent donc autant de la négociation commerciale menée aux plans de la technicité et de l'expertise que de l'échange interpersonnel qui se développe aux niveaux de l'affect et de la confiance. Les observations de Priou-Hasni démontrent, en effet, que le vendeur tente d'établir un climat de confiance qui dispose le client à dévoiler librement ses attentes. Par son approche et sa personnalité, le vendeur doit parvenir à dépasser l'anonymat d'une relation purement commerciale pour situer l'échange au plan de la connivence et du partage. Il lui appartient ensuite par les avis qu'il donne sur les itinéraires proposés, par l'évocation de souvenirs personnels ou par le récit d'anecdotes pertinentes, d'amener le client à visualiser les éléments du projet qui prend forme progressivement. Enfin, la différenciation du produit final, par la combinaison des différents éléments retenus, conduit le client à percevoir dans la particularité du produit offert la singularité de sa demande, et à travers elle, la confirmation de son individualité, laquelle mérite bien que l'on porte attention à ses attentes.

Afin d'arriver à cette heureuse conclusion, le vendeur a dû jongler avec un grand nombre de produits, négocier avec plusieurs fournisseurs, vérifier la concordance des prix et des dates, et ne pas oublier tous les petits détails qui font la différence. La satisfaction du client est au prix de cet engagement du vendeur et de son sens des responsabilités. Si cette implication de soi représente pour lui une charge de travail, elle enrichit sa prestation et ajoute une dimension professionnelle à son activité. Par sa disponibilité et son investissement au travail, le vendeur a ainsi surmonté la contradiction entre une offre de produits relativement standardisés et une prestation de service dont le résultat a toutes les apparences d'un produit sur mesure. Le dépassement de cette contradiction est le secret de son métier, et relever les défis qu'il représente constitue l'intérêt de sa tâche.

En somme, la compétence du vendeur est faite d'empathie et d'ouverture à l'autre, et la relation commerciale qu'il anime peut être une source d'enrichissement par la diversité des rencontres qu'elle permet, et un facteur de valorisation personnelle si elle est conduite avec le doigté et le savoir-être qu'elle requiert. Dans un contexte de rationalisation tous azimuts des processus de production de biens et de services et de formalisation excessive des relations au travail, les emplois qui tolèrent encore, entre vendeurs et clients, des relations interactives et coproductives laissent croire que le contrôle sur le travail n'est pas toujours possible ou souhaitable.

2. La relation de service formatée dans les centres d'appels : entre standardisation et personnalisation

À la différence de la recherche précédente qui démontrait que la relation de service donne lieu à un échange interactif valorisant pour le vendeur, l'enquête menée par Amiech (2005) dans des centres d'appels révèle l'existence de formes hybrides d'organisation du travail qui oscillent entre les modèles serviciel et industriel. En effet, l'organisation du travail des centres d'appels a fait l'objet de plusieurs rationalisations, et les flux tendus qui la caractérisent compriment la durée des échanges tout en maintenant une pression constante sur les téléopérateurs. Mais ces rationalisations présentent des limites que les employés doivent surmonter afin de respecter leurs quotas d'appels. Les dysfonctionnements organisationnels et les retards dans l'acheminement des appels permettent aux salariés d'échapper pendant quelques secondes à la routine des flux tendus et de personnaliser leurs échanges avec les clients et ce, en dépit du fait que leurs communications sont soumises à des scripts préétablis. L'auteur soutient donc la thèse que l'activité des téléopérateurs se situe entre la tendance dominante à l'automatisation des services et à la standardisation des prestations, d'une part, et le maintien d'éléments d'une relation personnalisée, d'autre part.

La rationalisation de l'activité des téléopérateurs s'effectue à l'aide de trois moyens : une supervision directe du travail, une normalisation des temps alloués et une formalisation des communications avec les clients. Cette rationalisation place au second plan la composante relationnelle du travail des téléopérateurs et révèle le choix des centres d'appels pour une organisation du travail taylorienne, quasi mécanisée, planifiée à la seconde près et fortement normalisée.

La supervision des téléopérateurs s'effectue par un contrôle hiérarchique omniprésent et s'appuie sur leur dépendance à l'égard des outils de communication qu'ils utilisent. Chaque équipe de dix à vingt téléopérateurs relève d'un superviseur qui est en mesure de contrôler directement toutes les communications en cours avec les clients, et qui reçoit par un logiciel de « reporting » le compte exact des appels logés et reçus, leur durée respective et leur résultat (contrat, inscription, règlement, etc.). De plus, les outils de couplage téléphonique et de distribution automatique des appels assurent leur acheminement régulier, tant à la réception qu'à l'émission et évitent toute perte de temps.

Les outils imposent ici le rythme de travail aux téléopérateurs, et les scripts rédigés sur papier ou qui apparaissent à l'écran déterminent la durée des échanges et encadrent de façon stricte le déroulement des communications avec les clients. À ces scripts imposés s'ajoutent également des répertoires de cas standards qui prévoient les différentes situations que les téléopérateurs sont susceptibles de rencontrer. Dans cet univers informatisé, il est étonnant de constater l'apparition de vieux principes tayloriens d'organisation et de normalisation du travail, d'autant plus que les activités qui s'y déroulent sont essentiellement relationnelles. Tout ici est mesuré, compté et normalisé : le nombre d'appels reçus, logés ou en attente, la durée des attentes et des échanges, le nombre de sonneries avant une réponse, le nombre de cas réglés, référés ou en souffrance, les performances de chaque opérateur par jour, par heure, et leur affichage au regard de tous.

Enfin, l'auteur décrit les efforts de rationalisation du langage déployés par les centres d'appels au nom de l'efficacité des échanges et de la rentabilisation des temps de communication. Tout l'art de la communication des téléopérateurs consiste à contrôler les échanges et à éviter leur dérapage. Ils ont aussi appris à créer un climat d'empathie avec leurs vis-à-vis et, tout en les ramenant à l'essentiel, à ne jamais oublier le motif de leur appel. Dans les situations plus tendues, ils savent désamorcer les affrontements et, tout en restant polis, mais directifs, ils sont en mesure d'atténuer les litiges qui mettent en cause la responsabilité des entreprises que les centres d'appels desservent. La rationalisation de la communication permet donc de cadrer les échanges, d'atténuer les aspects négatifs qui se présentent et de pallier aux lacunes organisationnelles des entreprises, le tout dans une perspective de marketing poli, efficace et rentable.

L'organisation du travail des centres d'appels étudiés par Amiech révèle donc une rationalisation de type industriel du travail de service qui s'apparente au modèle organisationnel de la *bureaucratie mécaniste* définie par Mintzberg (1982). Le travail y est réglé selon des procédés fortement standardisés, les marges de manœuvre des salariés sont quasi inexistantes, leur supervision est directe et leurs performances font l'objet de différentes mesures quantitatives dont les résultats sont exposés à la vue de tous. Que cela soit imputable aux techniques de rationalisation de la communication ou aux outils informatiques qui imposent des contraintes de temps et de rythme, l'organisation du travail de ces centres d'appels a finalement pour effet de dénaturer la dimension interactive des communications et de dépersonnaliser la relation de service.

Or, un des acquis les plus solides de la sociologie du travail souligne que toute rationalisation présente des failles, et que l'ambition de conformer l'activité humaine aux modes de comportement prescrits engendre des dysfonctionnements d'une ampleur supérieure à l'incertitude associée au facteur humain. L'étude du travail des téléopérateurs d'Amiech démontre une fois de plus que la dérogation de leurs comportements à la norme prescrite est nécessaire pour pallier les insuffisances des organisations planifiées, et que leur contribution est essentielle au bon déroulement du service. Il rappelle que le bon téléopérateur est celui qui sait dépasser son script pour y insuffler un peu d'âme et donner à la conversation une allure humaine. Pour y parvenir, il doit non seulement mobiliser ses ressources langagières, mais y mettre du sien, adopter son niveau de langage à celui de son interlocuteur et créer la connivence nécessaire à un échange civilisé. Il doit aussi faire preuve de doigté en cas d'impatience du client, voir venir les choses, percevoir dans le ton de la voix de l'interlocuteur son niveau d'anxiété ou d'humeur et démontrer une certaine empathie à l'égard des clients. Or, si ces comportements peuvent être encouragés, ils ne peuvent être prescrits. C'est pourquoi Amiech conclut à l'impossibilité d'une automatisation complète de la relation de service, surtout là où elle est essentiellement relationnelle, comme celle qu'animent les téléopérateurs des centres d'appels.

Amiech arrive donc au constat que l'organisation du travail des centres d'appels présente une forme hybride, parce que les téléopérateurs sont contraints à agir en automates devant leurs scripts et à se comporter en humains pour parvenir à effectuer leur travail de façon satisfaisante pour les clients, eux-mêmes et leurs employeurs. Mais s'il n'y a pas automatisation complète, il y a certainement rationalisation, et celle-ci s'effectue selon les préceptes d'un taylorisme renouvelé, c'est-à-dire en mettant en place un mode d'organisation du travail qui prend en compte les limites du tout prescrit, tout en laissant l'espace nécessaire à l'implication subjective des salariés. Cette dernière se traduit par le recours à une déviance de la communication que le chercheur qualifie de *sémantique*, et qui est essentielle afin de rendre humain et interactif un échange qui autrement serait désagréable et contre-productif.

3. La relation de service instrumentée au profit de l'organisation dans les secteurs hospitalier et de la restauration

Dujarier (2006) se propose d'analyser la contradiction que l'on retrouve souvent dans les établissements qui fournissent des services de masse entre les tendances à la personnalisation et à la standardisation des prestations. Cette contradiction se manifeste dans les interactions des acteurs concernés, et la façon dont elle est surmontée dépend des stratégies des organisations à l'égard du client et des ressources disponibles. Il appert, selon la chercheuse, qu'une partie de sa résolution passe par une instrumentation du client qui l'amène à contribuer, consciemment ou non, au *travail d'organisation* des établissements. À la suite de Terssac (2002), l'auteure définit le travail d'organisation par l'ensemble des activités des acteurs qui contribuent à la définition des règles et des procédures de la relation de service et qui influencent le fonctionnement de l'organisation dispense. La démonstration de cette thèse s'appuie sur une recherche effectuée en milieu hospitalier au sein de services de gériatrie et auprès d'établissements associés à une chaîne de restauration de gamme moyenne.

Soigner une personne âgée ou servir un repas, en dépit du fait que la nature des services et les contextes de réalisation diffèrent grandement, constitue tout de même deux formes de prestation qui sont confrontées à la contradiction mentionnée précédemment et dont la qualité repose en bonne partie sur la relation interpersonnelle qui s'établit entre les salariés et les clients. Cette relation est faite de petits détails qui font la différence et qui se manifestent par un ensemble d'attentions aux clients. Anticiper les besoins d'une personne âgée, éviter certains sujets de conversation qui l'affectent, lui parler de ses enfants si elle en a, et la toucher affectueusement sont des gestes qui enrichissent une relation, mais qui peuvent difficilement être prescrits. La gratuité de certains comportements comme la générosité des attentions ne se commandent pas, même si elles assurent à la relation de service sa qualité et personnalisent l'échange entre le client et le prestataire. Mais cette personnalisation de la relation de service se heurte à la recherche d'une certaine standardisation des prestations. Les clients et les gestionnaires souhaitent des prestations de service qui soient toujours dispensées de la même façon et qui respectent en tout temps les mêmes standards de qualité. En fixant les attentes, la standardisation est un moyen de « prévisibilité objective et de sécurité subjective », affirme Dujarier (2006 : 65). De plus, elle offre la possibilité de réduire les coûts par les économies d'échelle qu'elle entraîne et permet une normalisation des procédures et des modes opératoires. À l'hôpital comme au restaurant, les prestations sont fortement encadrées et le respect des normes de pratique et des standards de qualité est incontournable et assure aux clients une homogénéité de services indépendamment des prestataires. Évidemment, cette massification de la prestation peut facilement entrer en opposition avec la volonté de personnaliser le service.

Pour régulariser cette tension entre la personnalisation souhaitée et la standardisation recherchée, les établissements recourent à un ensemble de dispositifs organisationnels[1] qui

---

[1] L'auteure reprend la définition des dispositifs organisationnels fournie par Bousard et Maugeri (2003), soit un ensemble d'outils de gestion, de techniques, de règles, de représentations et de discours qui visent à discipliner les organisations et les salariés lors de leurs prestations de service.

opèrent en quatre temps : en contribuant d'abord à définir les attentes des clients et en légitimant ensuite leurs exigences, en évaluant en troisième lieu leur satisfaction et, finalement, en donnant aux salariés l'autonomie suffisante pour mobiliser leur sens des responsabilités et répondre aux attentes des clients. Selon l'auteure, l'action de ces dispositifs a pour effet de placer le client en position d'influencer à la fois l'organisation du travail de l'établissement qui l'accueille et la prestation du service qu'il reçoit, ce que Dujarier appelle « la mise du client au travail d'organisation ». La chercheuse part donc de l'hypothèse que les exigences du client, même si elles sont naturalisées, c'est-à-dire présentées comme allant de soi, sont des constructions sociales qui résultent des interactions qui se développent au sein des établissements. À ce titre, l'analyse peut reconstituer leur genèse et dévoiler les rôles qu'elles remplissent dans les organisations, dont l'un consiste précisément à activer les prestataires et à influencer la nature même de leur prestation.

La construction sociale des attentes des clients emprunte des voies multiples dont celles de la publicité commerciale et institutionnelle, les discours publics, les interventions réglementaires et même les jugements de cour. Toutes ont pour effet de transformer les exigences du client en engagements pour les organisations, à la suite desquelles les dispositifs de gestion prennent le relais pour en confirmer la légitimité. La représentation sociale des services qui se dégage du croisement de ces interventions constitue l'idéal-type de référence vers lequel l'action des organisations et les comportements des salariés doivent tendre. À l'interne, tous agissent en semblant croire que les promesses faites au client, en dehors de tout contexte réel et de contraintes organisationnelles, sont prises au sérieux, et ils voient déjà arriver le client en souverain absolu, exigeant qualité, personnalisation et exécution rapide. Cette représentation typique du client, jamais contestée ou critiquée, trouve même chez les salariés une empathie qui éveille leur sens des responsabilités. Si elle représente pour l'organisation une obligation de moyens, elle constitue malgré tout une prescription à respecter pour les salariés.

À l'hôpital comme au restaurant, les établissements ont à leur disposition plusieurs moyens de mesurer la satisfaction du client et de contrôler la prestation de service. Certains d'entre eux impliquent une participation directe des clients, et des membres de sa famille s'il y a lieu, qui sont invités à donner leur opinion sur le service reçu. Ils sont aussi incités à communiquer leur satisfaction ou leur mécontentement, à dénoncer tout écart de comportement ou ce qui leur semble être des attitudes inappropriées, à invoquer les codes de bonnes conduites et les chartes des patients. Les clients « mystère » qui passent d'un restaurant à l'autre et les enquêtes maison sur la satisfaction de la clientèle outillent également les établissements dans leur recherche de qualité. La prise en compte de l'opinion du client par les établissements le confirme donc dans son rôle de souverain, même si sa participation est instrumentée aux fins de l'organisation. Ainsi, consciemment ou non, le client est mis au service de l'organisation et sa collaboration constitue un bon moyen de pression pour normaliser les comportements des salariés.

En complément à ces évaluations externes et pour assurer un contrôle encore plus efficace des prestations, les établissements sollicitent les salariés eux-mêmes. Pour dépasser la contradiction entre la personnalisation et la standardisation du service, et pour obtenir des salariés le supplément d'âme qui fait la différence, ils sont invités à faire preuve d'autonomie et à prendre des initiatives. Là où l'action ne peut être prescrite, la mobilisation des subjectivités prend le relais et compense l'absence de règles et les limites de l'organisation. Il revient alors aux salariés, dans la hâte de leurs prestations et sous l'œil vigilant des clients informés de leurs droits, d'arbitrer les exigences des uns et des autres, de respecter les règles d'une bonne pratique professionnelle et de ne pas outrepasser les contraintes de l'organisation. Cette prescription de la subjectivité a pour effet de reproduire, au cœur même de la prestation, la contradiction de l'organisation polarisée entre la standardisation et la personnalisation des services qu'elle doit rendre.

La gestion de cette contradiction à l'occasion de l'interaction entre le client et le salarié présente des ambiguïtés et comporte des limites qui en réduisent l'efficacité. Satisfaire les exigences du client sans déroger aux procédures fixées par les établissements, tout en respectant les prescriptions hiérarchiques et les règles professionnelles, suppose que les clients et les salariés acceptent de jouer docilement leurs rôles. Dans les cas contraires, leurs comportements peuvent s'avérer contre-productifs. Par exemple, au lieu de contribuer à l'efficacité de l'établissement ou du service par sa mise au travail d'organisation, le client peut être isolé et exclu des clients serviables par son comportement désagréable. À l'inverse, une connivence trop affirmée avec les salariés entache sa crédibilité et son jugement sera mal perçu. Du côté des salariés, ceux-ci peuvent opter pour un assouplissement des règles organisationnelles en faveur du client en assumant les risques de leur choix et en prenant sur eux de résoudre, en leur âme et conscience, la contradiction entre les normes de personnalisation et de standardisation, ou opter pour la solution inverse et refuser d'accommoder le client en invoquant le respect des règles. Dans ce dernier cas, le salarié est contraint d'adopter une attitude ferme qui ne lui convient peut-être pas et dont les comportements qu'elle commande heurtent son empathie pour le client.

La logique industrielle introduite dans l'organisation des services et la rationalisation des prestations qu'elle induit, incitent les établissements à mettre en œuvre un ensemble de dispositifs de gestion qui visent à assurer, à la fois et contradictoirement, la prévisibilité des prestations, leur standardisation et leur personnalisation. Pour réaliser des économies d'échelle et concilier les avantages d'une production standardisée de services avec ceux d'une prestation individualisée qui répond aux exigences des clients, les établissements doivent réguler les processus et les comportements en définissant des modes opératoires et en établissant des mécanismes de contrôle du travail. Considérant les contradictions inhérentes à une telle dynamique, et pour pallier à l'insuffisance des prescriptions difficilement applicables en situation réelle d'interaction, la stratégie de mise à contribution du client s'avère délicate. Si elle fournit à l'organisation un moyen de contrôler le travail et que sa mise en œuvre influe sur la définition des normes de la prestation de service, l'organisation doit s'assurer de la complicité du client et de son consentement à jouer le rôle qui lui est assigné. Mais, conscient de son instrumentation et de sa mise au travail en faveur de l'organisation, le client peut s'avérer un mauvais partenaire et adopter une attitude moins conciliante. La surenchère des promesses managériales n'empêche pas le client de percevoir les contraintes qui influencent les organisations et qui pèsent sur les prestataires, et ne fait pas automatiquement de lui le complice docile de l'organisation.

4. La relation de service dénaturée des agents d'une ligne de métro

Beauquier (2005) a effectué deux études visant à cerner les effets d'une stratégie de développement axée sur la relation au client. L'une d'elles porte sur la mise en œuvre d'une ligne de métro automatique (sans conducteur) pour laquelle la direction de la RATP a décidé d'orienter l'organisation du travail vers la satisfaction des clients en rendant plus conviviale son utilisation. L'organisation du travail s'articule autour de deux innovations dont l'auteur se propose de mesurer les effets sur le travail des agents en contacts directs avec les voyageurs, à savoir la polyvalence des agents et le fait de placer le client au centre des préoccupations de l'organisation.

Rompant avec l'ancienne organisation du travail qui distinguait les métiers de vendeurs, de contrôleurs et d'agents d'ambiance, la nouvelle organisation regroupe ces différents métiers en une nouvelle fonction d'agent polyvalent apte à assurer l'entièreté des anciennes tâches. Déambulant dans les couloirs ou directement accessibles à bord des rames, ces nouveaux agents doivent renseigner les clients, contrôler les titres de transport, vérifier l'état des lieux, signaler les dysfonctionnements et assurer une mission de convivialité. Considérant la variété de ces tâches et la multitude des situations auxquelles les agents sont confrontés, ceux-ci n'ont pas eu le temps de se doter de codes de conduite clairs et de modes d'action appropriés à la diversité des situations qu'ils rencontrent. Cette dispersion dans les tâches est porteuse d'ambiguïtés, d'autant plus que plusieurs des fonctions assumées par les agents s'opposent. Faute de règles de conduite stabilisées et de l'appui d'un encadrement de proximité, la polyvalence octroyée aux agents ne favorise pas l'acquisition de nouveaux savoirs susceptibles de constituer les bases d'un nouveau métier, comme le démontre l'analyse effectuée par la chercheuse de la mission d'accueil que les agents tentent de remplir.

Cette mission consiste à orienter les voyageurs dans leur déplacement et à les aider à franchir les appareils de contrôle. Or, les agents sont les témoins impuissants de fraudes qui s'effectuent sous leurs yeux et à la vue de tous. Placés en amont des lignes de contrôle pour aider les voyageurs, les agents peuvent difficilement intervenir lorsque les fraudeurs les ont passées. De plus, interpeller les contrevenants nuirait à leur mission d'accueil en créant un climat de tension désagréable. Les agents prennent donc sur eux et s'empêchent d'intervenir, ce qui discrédite leur fonction de contrôle aux yeux de tous, y compris d'eux-mêmes. De plus, l'assemblage hasardeux des tâches et la rotation trop fréquente des rôles que les agents doivent assumer les empêchent de former des équipes de travail solidaires et de cumuler des savoir-faire qui donneraient du sens à leur travail et consolideraient leur position aux yeux des clients.

En somme, la stratégie managériale de placer le client au centre de l'organisation affaiblit la position des agents et dénature leurs relations aux clients. Pour les agents, cette relation repose sur une réciprocité de civilité, à défaut de quoi la relation de service dégénère et se dépersonnalise. L'ancienne activité de contrôle rebaptisée *contrôle commercial* témoigne de cette absence de réciprocité que dénoncent les agents et qui affecte le cœur de leur métier. En effet, il leur est conseillé d'adopter une approche plus conciliante à l'égard des fraudeurs, et en cas de tension, de désamorcer le conflit et de « laisser couler » afin d'éviter les risques de débordement. Cette remise en cause de leur ancien pouvoir d'intervention dénature à leurs yeux leurs relations avec les voyageurs et les expose à des situations potentiellement conflictuelles sans avoir les moyens d'une intervention efficace. Beauquier soutient même que cette stratégie de service centrée sur la clientèle a pour effet de dépersonnaliser la relation au client qui, par sa quasi-impunité, n'est plus considéré comme une personne semblable aux autres, ayant des droits certes, mais aussi des devoirs, parce qu'il est considéré comme ayant toujours raison, même si sa compagnie est désagréable ou qu'il fraude.

En se modelant sur l'orientant-client, l'organisation du travail de cette ligne du métro a affecté le sens que les agents donnent à leur travail et a affaibli leur légitimité aux yeux des usagers. Leur nouvelle fonction souffre de l'absence de règles claires, et le mélange de métiers reflète ici une carence organisationnelle que la polyvalence des agents ne parvient pas à cacher. L'impossibilité d'articuler leur polyvalence à un cadre réglementaire qui aurait donné une certaine cohérence à leur profession a aussi eu pour effet de brouiller les repères qui auraient pu baliser leur action. De plus, l'action inhibée des agents rend difficile la gestion des situations de tension, et ils ne trouvent pas dans les interactions qu'ils vivent la réciprocité relationnelle qu'ils recherchent, ni la civilité partagée avec les usagers qu'ils souhaitent. Les contradictions entre les mandats qui leur sont confiés et les ambiguïtés qui caractérisent leurs interventions engendrent des situations difficiles à gérer et exacerbent les tensions avec certains clients qui ne reconnaissent pas la légitimité de leur fonction ou qui sont résolus à enfreindre les règlements ou à outrepasser les règles les plus élémentaires de bonne conduite. À tel point que l'auteure conclut son étude en affirmant que l'orientation-client est une stratégie qui relève davantage de l'idéologie managériale que d'une réelle prise en compte des conditions de travail des agents et de la complexité des situations qu'ils rencontrent. En tant que discours idéologique, l'orientation-client se présente aux gestionnaires comme une stratégie emballante certes, mais qui ne tient pas compte de l'effet combiné des rôles et des métiers, ni des arbitrages inhérents à la gestion de toute relation sociale, a fortiori quand celle-ci présente des risques de tension et de conflit.

5. La relation de service et les rapports de servitude des guichetiers de La Poste

L'étude de Jeantet (2003) sur le travail des guichetiers de La Poste repose sur l'analyse d'une cinquantaine d'entretiens approfondis effectués auprès d'agents de La Poste et sur les données accumulées lors d'une période d'immersion sur le terrain. À la suite des restructurations organisationnelles que le service postal a connues au cours des années 90, la chercheuse se penche sur les transformations du travail des guichetiers et les modifications apportées à leur rôle depuis l'instauration de l'orientation-client préconisée par la direction. Il appert que la nouvelle relation de service accorde au client un pouvoir démesuré qui entraîne occasionnellement les guichetiers dans un rapport de servitude difficilement supportable.

On compte entre 40,000 et 67,000 guichetiers en France selon que l'on considère les employés dont c'est l'occupation principale ou ceux qui sont polyvalents. En 1999, 70 % d'entre eux étaient des femmes par rapport à 60 % en 1985. Le guichet est la porte d'entrée du service postal et marque l'interface entre l'organisation et le client. La grande réforme de 1991 a ajouté aux services postaux habituels des objectifs commerciaux et financiers qui, en plus de l'instauration d'une logique compétence, poussent les salariés à la productivité[1]. Les performances sont mesurées par des outils informatiques qui comptabilisent le nombre d'opérations effectuées, leur durée moyenne et le chiffre d'affaires réalisé par produits. Les guichetiers peuvent accueillir entre 100 et 200 clients par vocation, et les résultats de leurs performances déterminent une partie de leur rémunération. La politique salariale de La Poste et les pratiques de gestion des ressources humaines qu'elle a mises en œuvre tendent à individualiser le travail et ont eu pour effet d'affaiblir les anciens collectifs.

L'ancienne notion de service public anime toujours les guichetiers désireux d'offrir aux clients un service de qualité et universellement accessible, mais dont les prestations sont confrontées aux nouveaux impératifs commerciaux de La Poste. Plusieurs tentent d'adapter leurs comportements à la diversité des clientèles et déploient des savoir-faire empathiques pour desservir les clients au mieux de leur capacité. Ces efforts de personnalisation du service constituent la dimension professionnelle de leur activité, et sa reconnaissance par les clients représente pour les guichetiers une source de valorisation qui justifie leur engagement au travail. Par contre, toute la logique de l'organisation du travail pousse les guichetiers à une productivité et à des niveaux de performance qui sont difficilement conciliables avec une prestation de service individualisée. Si les besoins des clients sont présentés par la société comme des impératifs qui entraînent une obligation de service, ils doivent également être payants.

---

[1] Sur l'introduction de la logique compétence et de ses effets sur le travail des postiers, voir le chapitre suivant.

Le fragile équilibre de la relation de service que les guichetiers veulent préserver par-dessus tout peut facilement basculer du côté de la domination, en particulier dans un contexte où il est constamment rappelé au client que l'organisation est là pour le servir et que les employés sont à sa disposition. Les exigences du client déterminent alors les normes de prestation et son impatience dicte au prestataire le rythme de son travail. Par le timbre de sa voix, sa posture devant le guichet et le niveau de civilité qu'il affiche, le client peut faire sentir son pouvoir au guichetier et influer sur la prestation du service. Comme le guichetier ne peut l'éviter et qu'il ne peut recourir à des stratégies collectives ou s'appuyer sur des règles qui le protégeraient, il est réduit à des tactiques de protection individuelle ou d'auto-défense personnelle aux effets relativement limités. Les observations de Jeantet révèlent que l'asymétrie de la relation de service qui défavorise les guichetiers est particulièrement manifeste dans les quartiers bourgeois où les clients, plus souvent qu'ailleurs, tentent d'abaisser les guichetiers à une position servile. Même si leur emprisonnement dans une relation de servitude est ponctuel et qu'il se manifeste irrégulièrement, il marque une tendance qui pèse lourd sur la charge mentale du travail des guichetiers et qui affecte l'ensemble de leurs rapports au travail. Placés régulièrement en position d'auto-défense, les guichetiers travaillent constamment sur eux-mêmes, non pour réaliser une tâche qu'ils ont à cœur d'effectuer correctement, mais pour éviter que leurs relations aux clients passent subitement du registre de l'engagement volontaire à celui de la prestation obligée.

La réforme de La Poste n'a donc pas été que structurelle et juridique. La nouvelle définition du travail de guichetier selon une logique de compétence et une orientation-client a modifié le cadre et les règles de sa prestation de service. La recherche de la satisfaction du client, combinée à la fragilisation des collectifs de travail et à l'individualisation des performances, induit une nouvelle relation commerciale en faveur du client, dont le guichetier paie le prix. Si sa rencontre avec le client peut être l'occasion de rendre service, elle présente aussi le risque qu'elle soit mise au service du client. C'est pourquoi le travail du guichetier oscille entre une relation de service qui repose sur l'engagement personnel et la disponibilité au client, d'une part, et une relation susceptible d'être dominée par le client et qui peut le contraindre à une position servile, d'autre part. La subordination du guichetier se substitue alors à la réciprocité et à la reconnaissance mutuelle qu'il recherche.

Conclusion

L'orientation-client se situe donc à l'interface des organisations et des marchés et constitue un enjeu fondamental pour les entreprises et les établissements. Sa dynamique influence le fonctionnement des organisations et conditionne les activités des salariés. À l'externe, elle stimule la sensibilité des entreprises à l'évolution des marchés et entraîne chez plusieurs d'entre elles le développement de politiques de qualité. Certaines entreprises optent pour une bonification de leur politique commerciale en multipliant les occasions de contacts avec les clients, alors que d'autres préfèrent diversifier leur production en mettant au point des produits ou des services dont les composantes sont interchangeables selon les marchés ou adaptables aux besoins des clients. À l'interne, elle incite au décloisonnement des services fonctionnels, à une plus grande autonomie des salariés et à une action plus décisive des équipes de travail dont la polyvalence s'avère nécessaire à la prise en charge des besoins des clients ou des usagers. La décentralisation des structures organisationnelles et la déconcentration des centres de décision ne lui sont pas étrangères non plus, et le régime minceur que certaines entreprises imposent à leur organisation a précisément pour objectif de rapprocher la production des marchés et les services des clients.

L'entreprise qui, il n'y a pas si longtemps, était définie comme un lieu de production dirigé par l'amont, horizontalement et verticalement structuré, et qui regroupait des métiers coordonnés par des règles strictes, est devenue une organisation tirée par l'aval, et qui offre des services dont les prestations mobilisent des équipes de travail polyvalentes, autonomes, flexibles et mobiles. À cette vision caractéristique de l'entreprise flexible correspond la figure du client-roi, maître d'œuvre de ce renversement de dynamique et acteur volontaire du management par la demande. En conséquence, les performances des salariés doivent atteindre des standards élevés de qualité, et la recherche de la fidélité des clients impose aux travailleurs de nouvelles contraintes de délais et de rythme. Mais, même dans un contexte concurrentiel où la compétitivité des entreprises entraîne une lutte pour la conquête des marchés, la finalité des organisations ne coïncide pas toujours avec les besoins du client. Ainsi, plusieurs entreprises préfèrent-elles tenir le client à distance en recourant à des pratiques d'évitement (Benghozi, 1998). On achemine alors ses appels à des boîtes vocales anonymes, on morcelle ses réclamations en différents éléments que l'on transfère ensuite à des employés ayant des responsabilités limitées, on évite le face à face, et tout en affirmant vouloir le servir, on le fait patienter. Le client-roi perd sa couronne, et ses prérogatives s'effritent à mesure qu'il s'aventure dans les dédales des procédures et des règlements.

Les interactions des acteurs de la relation de service apparaissent donc sous des formes variées, et les représentations du client et du prestataire ne sont pas monolithiques. À la figure du client-roi s'oppose celle de l'usager soumis, et à l'allure triomphante du professionnel couvert de diplômes et protégé par ses règles de pratique s'oppose celle de l'employé contraint à servir le client et soumis à son organisation. Les relations de service présentent donc différentes configurations dont les formes particulières résultent du jeu des acteurs et de leur insertion dans des organisations qui ont fait le choix de servir le client ou de le domestiquer, de l'instrumenter ou de le tenir à distance.

Les spécialistes regroupent ces différentes formes de relation de service en deux grandes stratégies auxquelles les organisations recourent, et qui donnent lieu à deux modèles de prestation (Gadrey, 1996). La première, appelée rationalisation industrielle, consiste à rapprocher le plus possible la prestation de service du modèle de la production industrielle. Les organisations y parviennent, premièrement, en alignant l'offre de services sur les ressources disponibles et les expertises connues ; deuxièmement, en standardisant les modes opératoires pour rendre prévisible la prestation de service ; et troisièmement, en formalisant les procédures pour assurer au client la conformité des comportements aux normes prescrites. Dans ce premier modèle, la prestation de service est prévisible et doit correspondre aux critères de coûts, de délais et de qualité prévus. Même si la deuxième stratégie désignée par l'expression de rationalisation professionnelle n'est pas exempte de procédures formalisées et de routines établies, sa spécificité réside dans la capitalisation des savoirs et des expériences assurée par des professionnels dont les compétences sont reconnues et même instituées. Dans le premier modèle, la confiance du client repose sur la conformité du produit ou du service aux normes fixées, tandis que dans le second, elle repose sur la capacité du professionnel à adapter son approche à la diversité des cas rencontrés. À la standardisation de la pratique et à la massification du produit du premier modèle s'opposent donc la personnalisation de la prestation et l'individualisation du service du deuxième modèle. Mais, ces cas limites laissent place à des variations dont les recherches présentées dans ce chapitre ont voulu rendre compte.

DEUXIÈME PARTIE
LES VOIES DE LA MOBILISATION DES RESSOURCES PRODUCTIVES

IV
Logique compétence : de la régulation conjointe au retrait des salariés

Introduction

Depuis vingt ans, la notion de compétence porte à débat et l'abondante littérature qu'elle génère tire dans toutes les directions. Issue de la psychologie industrielle et utilisée par le management, en particulier celui des ressources humaines, elle pénètre l'organisation du travail avec l'ambition d'y affirmer un modèle. Son sens est polysémique comme les appellations dont elle se revêt (démarche, logique, modèle, mode de gestion), et ses usages diversifiés alimentent le débat à la mesure des domaines que la notion explore et des représentations de l'entreprise et du travail qu'elle suggère. Contient-elle les « prémices d'un nouveau modèle productif » à l'interstice des stratégies économiques de l'entreprise, de l'organisation du travail et de l'évolution de la main-d'oeuvre (Colin, Grasser, 2003 : 23), ou constitue-t-elle plus modestement un mode de gestion des salariés orienté vers une individualisation des classements et des rémunérations (Coutrot, 1999) ? Peut-elle débloquer les postes de travail et rendre les salariés à la fois plus mobiles et maîtres de leurs investissements au travail comme le prétendent ses défenseurs, ou ses appels à l'engagement et à la mobilisation pour affronter la concurrence relèvent-ils simplement de la manipulation des salariés comme ses détracteurs le soutiennent ?

Comme la qualification à l'époque des Trente Glorieuses, la notion de compétence intervient simultanément à deux niveaux : premièrement au niveau de la gestion des ressources humaines par les modifications qu'elle apporte à l'évaluation des salariés, à la progression des carrières, et en définitive à l'échange salarial ; deuxièmement, au niveau de l'organisation du travail par la redéfinition des tâches qu'elle propose et par la polyvalence et la mobilité des salariés qu'elle induit. C'est principalement dans cette optique de la double dimension de la logique compétence que ce chapitre est construit, tout en privilégiant l'analyse de ses effets sur les salariés.

Pour Lichtenberger et Paradeise (2001, a), la logique compétence met l'accent sur l'autonomie et le sens des responsabilités dont l'importance est soulignée dans plusieurs accords sociaux négociés par quelques grandes entreprises et syndicats désireux d'avancer dans cette direction. Ils soutiennent que son introduction dans l'organisation du travail marque un renversement des préceptes tayloriens en articulant, selon une dynamique qui lui est propre, une production de qualité à une organisation innovante, tout en valorisant le travail réel à l'encontre du travail prescrit. Il ne s'agit donc pas, selon ces deux auteurs, de battre la concurrence par la réduction des coûts ou par le contrôle des marchés, mais d'ajuster l'organisation du travail à l'évolution de la demande en misant sur les compétences des salariés et sur celles qu'ils sont disposés à développer. La logique compétence induit donc une nouvelle relation entre les salariés désireux d'investir dans leur travail et d'y déployer leurs savoirs, et une organisation qui doit leur en fournir les moyens. Idéalement, la logique compétence souhaite renouveler l'ancienne relation salariale fondée sur l'échange d'une performance contre un salaire et d'une soumission contre un contrôle, en y substituant l'autonomie, la responsabilité et l'implication en contrepartie d'une réappropriation du travail par les salariés et d'une employabilité en progression.

Malheureusement, des constats maintes fois établis par plusieurs monographies contestent ces affirmations et plusieurs études démontrent, au contraire, que la réappropriation du travail que la logique compétence affirme rendre possible, n'est pas toujours au rendez-vous et que la séparation entre les salariés et l'entreprise persiste (Rolle, 2003). D'où l'émergence de deux visions contrastées de la logique compétence : celle du patronat et du management à la recherche d'une révolution managériale motivante, et celle d'une sociologie critique qui décèle ses contradictions et s'applique à décortiquer ses principaux enjeux. Pour les premiers, la logique compétence suppose la reconnaissance des qualités individuelles des salariés et induit une valorisation du travail en termes de salaire et de promotion. La position concurrentielle des entreprises serait alors garante des projets de carrière, et la mobilité professionnelle des salariés, tant à l'intérieur des frontières de l'entreprise que sur les marchés externes, serait assurée par le développement de leurs compétences. À l'encontre de cette vision positive et quasi angélique, des analyses sociologiques soulignent les ambiguïtés de la notion et dévoilent, parfois sous les consensus affichés, les mécanismes d'une nouvelle individualisation des tâches et des responsabilités. Ces analyses démontrent que l'affaiblissement des collectifs de travail induit par la logique compétence entraîne un renforcement des contrôles du travail et qu'elle accentue les attitudes de retrait, voire le désistement des salariés.

En tout état de cause, les cas de figure que sa mise en œuvre présente sont nombreux (Baraldi, Dumasy, Troussier, 2001) et permettent des interprétations variables comme les recherches décrites dans ce chapitre l'illustrent. Celles-ci démontrent, en effet, les possibilités d'une appropriation satisfaisante des compétences au point de faire reculer la prescription et de modifier les rapports sociaux (Alexandre-

Bailly, 2005), en passant par une prise en compte relative des compétences conditionnée par les impératifs organisationnels (Baraldi, Cavestro, Durieux, 2002) à un rejet plus ou moins affirmé de sa logique qui pousse les salariés au retrait et à leur mise à l'écart (Richebé, 2002). Mais avant de procéder à la présentation de ces travaux, un retour sur la notion de compétence et sur la logique qu'elle sous-tend s'impose. Nous avons cru pertinent aussi de compléter ce chapitre par une mesure de sa diffusion dans les établissements français (Colin, Graser, 2003).

1. Singularité et critique de la notion de compétence

Lichtenberger (1999) soutient que l'importance de la notion de compétence est équivalente à celle de la qualification qui a dominé l'organisation du travail et animé le jeu des acteurs des années 50 jusqu'à la fin des années 80. Comme celle-ci, elle serait appelée à faire système par l'ampleur des transformations organisationnelles qu'elle induit et par les modifications qu'elle apporte aux éléments du contrat de travail. En effet, l'émergence de la notion de compétence et les débats qu'elle suscite ne sont pas sans rappeler le remplacement progressif de la notion de métier par celle de la qualification à partir des années 50. Dans un article qui marque un tournant dans les efforts de formalisation et de justification de la notion de compétence, Lichtenberger démontre que le passage du métier à la qualification ne s'est pas fait sans résistance, notamment de la part des organisations syndicales, et que les craintes que suscite aujourd'hui la notion de compétence rappellent celles que le passage du métier à la qualification a nourries. Or, dans un cas comme dans l'autre, ce ne sont pas seulement les critères de la distribution des postes ou des emplois qui sont en cause, mais bien les composantes de la relation salariale qui sont appelées à évoluer.

Durant les premières phases de l'industrialisation, le métier était associé aux seuls ouvriers qualifiés, tandis que la notion de qualification a été introduite plus tard pour prendre en compte la contribution des ouvriers spécialisés. Combattue par les syndicats de métier, elle fut néanmoins institutionnalisée dans des grilles de classification applicables à toutes les formes du travail salarié. La notion de qualification a fini par faire système en établissant une correspondance entre les capacités individuelles des salariés attestées par le diplôme et l'ancienneté, les postes de travail minutieusement définis dans une optique taylorienne et les niveaux minimaux de rémunération. Elle a donc été associée au modèle social des Trente Glorieuses et au rapport salarial fordiste par lequel l'ouvrier bénéficiait d'un statut et d'une certaine reconnaissance en échange de l'utilisation de ses capacités par l'employeur. Ce rapport salarial confirmait le contrôle patronal sur la production et entérinait la subordination des salariés au processus de travail, alors que leur sécurité était assurée par la négociation de leur rémunération et la mise en œuvre de différentes mesures sociales.

Aujourd'hui, la logique compétence s'impose là où l'organisation du travail est confrontée directement aux exigences de la concurrence et où la pérennité de l'entreprise dépend de l'utilisation flexible de ses ressources. Lorsque la qualité des produits et la personnalisation des services importent plus que la quantité et la conformité aux règles, et que la maîtrise des aléas et l'esprit d'initiative remplacent le respect des prescriptions et l'attentisme improductif, le recours aux compétences devient un enjeu social important. La compétence n'est pas seulement un ensemble d'habiletés mobilisées en situation de travail, elle est aussi, comme la qualification, une relation d'échange. Elle exprime une nouvelle relation salariale au sein de laquelle la mobilisation des capacités individuelles ne peut plus s'obtenir par la contrainte et la soumission, mais suppose l'engagement volontaire et la reconnaissance mutuelle. Selon la logique compétence, les travailleurs ne sont plus considérés comme des ressources dont on négocie le prix et fixe l'usage, mais comme des acteurs qui sont maîtres de leurs capacités et qui en contrôlent le déploiement. La disposition des salariés à mobiliser leurs compétences place l'employeur dans une situation de dépendance, et le contrôle qu'exercent les salariés sur leurs compétences a pour effet d'atténuer l'ancien pouvoir de domination sur le travail.

On peut alors être tenté d'opposer terme à terme le modèle de la compétence à celui de la qualification comme l'affirment Paradeise et Lichtenberger (2001, b). L'engagement des salariés dans le premier suppose une compréhension générale des objectifs de l'entreprise et leur contribution volontaire à la production, ce qui s'oppose à la stricte division du travail et au respect des prescriptions inhérentes au modèle de la qualification. Si la mobilisation des salariés est requise par le modèle de la compétence, elle implique des responsabilités accrues et s'accompagne d'une plus grande autonomie qui relègue dans le passé du modèle de la qualification la subordination et l'isolement des travailleurs. Il en découle que les résultats de la coopération collective ne peuvent être totalement prédits, comme cela peut être le cas dans les organisations scientifiquement planifiées, puisqu'ils dépendent du développement des compétences, lesquelles s'enrichissent des interactions collectives et de l'ouverture de l'organisation à l'autonomie, à la prise d'initiative et à la coopération. Dans le modèle de la compétence, l'entreprise est dépendante des salariés et sa pérennité repose sur une relation de confiance qui assure à l'employeur le bon usage des capacités productives de ses installations et de celles des ses employés, contrairement à la relation de domination et de subordination du modèle de la qualification. Même les termes de l'échange salarial se trouvent transformés en passant de l'ancienne équation (qualification, ancienneté - poste de travail - rémunération) qui reposait sur des critères généraux et universels à un jugement négocié à travers l'évaluation individuelle et l'appréciation de la contribution de chaque salarié à la performance de l'entreprise. Paradeise et Lichtenberger avancent même l'idée d'un

« *nouveau cercle vertueux de l'échange* » qui favoriserait la confiance mutuelle des salariés et des employeurs dans la mesure où les modalités de la rémunération conviendraient aux aspirations des premiers et que les résultats satisferaient les seconds.

Cette présentation dichotomique ne doit pas conduire à différencier indûment les logiques de la qualification et de la compétence dans des modèles opposés : dépassé dans un cas, contemporain dans l'autre. Leur analyse démontre plutôt que les frontières qui semblent les séparer ne sont pas étanches et que leurs évolutions les rapprochent pour en faire « deux sœurs jumelles » (Oiry, 2005). Pour Paradeise et Lichtenberger (2001, b), les deux modèles ne s'excluent pas et la diversité de leurs mises en œuvre témoigne de leur plasticité. Il est plutôt convenu de les considérer comme des composantes de l'échange salarial et, à ce titre, comme des construits sociaux, fruits du dialogue social et de la négociation collective au niveau des secteurs économiques, et des interactions entre les employés et l'encadrement au niveau des organisations.

Les observations de Lichtenberger et Paradeise (2001, a) révèlent à cet égard deux conceptions du modèle de la compétence qui sont mises en parallèle avec des représentations différenciées de la relation salariale et de l'entreprise. Une première conception est centrée sur les performances individuelles et collectives et sur la sollicitation des capacités productives des installations et de la main-d'œuvre dans une perspective de rationalisation des ressources, tandis que la deuxième conception s'inscrit dans une démarche de valorisation conjointe et dépendante des compétences individuelles et collectives afin d'assurer la mission de l'entreprise et la progression des salariés. Dans le premier modèle, l'évaluation *des compétences* vise à mesurer la valeur du travail par ses résultats, c'est-à-dire par la valeur d'échange que le travail crée. La valorisation salariale des compétences induit alors des formes plus ou moins individualisées de rémunération, dont l'évolution réversible n'est pas exclue par ailleurs puisqu'elles dépendent des performances des entreprises. L'évaluation *de la compétence* suggérée par le deuxième modèle vise à mesurer la contribution de chaque salarié au développement des collectifs de travail et de l'entreprise. Si dans le premier modèle, l'entreprise est définie par la somme des contrats de travail, dans le second modèle elle apparaît comme une collectivité qui articule compétences individuelles et compétences collectives dans un enrichissement commun. L'évaluation *de la compétence* est aussi un test pour l'entreprise qui doit soutenir la progression des salariés et s'engager à faire évoluer les postes de travail en fonction des compétences que les salariés acquièrent. Cette évolution doit éventuellement se traduire en termes de progression de carrière et de rémunération bonifiée. L'évaluation constitue donc un moment important de la régulation conjointe des intérêts des salariés et des entreprises. À ce titre, l'objectivité des indicateurs de performance et la pertinence des critères d'évaluation déterminent aux yeux des salariés l'équité de la démarche. Celle-ci acquiert une plus grande légitimité si elle s'appuie sur le respect de procédures et de règles convenues et si elle laisse place à la discussion et à l'interprétation des données recueillies.

Quoi qu'il en soit, la notion de compétence ne laisse pas indifférent et suscite des interrogations que l'on peut regrouper en quatre catégories. Premièrement, dans l'échange social qu'elle propose, il appert que les salariés héritent d'une triple responsabilité. Une première à l'égard des résultats dont dépend leur rémunération et qui s'ajoute à celle qu'ils ont déjà du bon usage des moyens que l'entreprise met à leur disposition. Or, comme les résultats de l'entreprise sont déterminés par la mobilisation de leurs capacités, ils ont aussi la responsabilité de leur développement. En contrepartie, il revient aux salariés d'assumer les risques d'une dépréciation locale de leurs capacités professionnelles dans un contexte où la concurrence ne laisse pas beaucoup de temps aux ajustements.

Deuxièmement, la logique compétence met en balance la performance de l'entreprise qui s'exprime par la satisfaction des clients et le niveau des ventes, et l'employabilité des salariés mesurée par les compétences acquises. Il en découle pour les salariés le risque que la reconnaissance de leurs compétences soit assujettie aux aléas des marchés, ce qui expliquerait le caractère instable de ces dernières pour reprendre une expression de Reynaud (2001). De plus, la reconnaissance des compétences n'a de sens que si elle n'est pas limitée au marché interne de l'entreprise et que si sa valeur est transférable sur les marchés externes. Comment alors assurer ce transfert quand la compétence est observée, évaluée et validée dans une situation de travail singulière ?

Troisièmement, le renouveau de l'échange salarial que la logique compétence promeut passe par les entretiens annuels d'évaluation au cours desquels sont communiqués aux salariés les résultats de leur performance individuelle qui détermine, au moins partiellement, leur rémunération. Cette démarche d'évaluation pose donc la question de la validité de l'équation qu'elle établit entre la performance individuelle, les compétences déployées et la rémunération. Comment, en effet, discriminer la contribution d'un salarié à l'effort collectif, particulièrement dans les entreprises industrielles où il est quasiment impossible « d'individualiser » le produit, c'est-à-dire de préciser, parmi les différents facteurs de productivité ou de performance, la contribution du facteur humain, et dans celui-ci de mesurer la part attribuable à chaque salarié ? Dans le domaine des services où la performance dépend directement de la prestation de travail et que celle-ci est inséparable de la personne qui l'effectue, comment dissocier l'évaluation des compétences de l'appréciation du prestataire ? Et comment ensuite distinguer dans les résultats obtenus, la part qui revient à la performance individuelle de celle attribuable à l'efficience de l'organisation et aux moyens mis à la disposition des salariés ?

Quatrièmement, il faut rappeler que le partage des objectifs de l'entreprise par les salariés, tel que sous-entendu par la logique compétence, est une vieille ambition du patronat (Reynaud, 2001), affirmée déjà par Taylor et reprise par chaque nouvelle mode managériale sous des appellations différentes. La logique compétence se distingue à cet égard par la volonté de mesure et par le glissement possible de l'évaluation des résultats vers l'évaluation des attitudes et des comportements des salariés (Durand, 2000, 2004). Parce que la logique compétence repose sur l'implication et la mobilisation des capacités individuelles, l'évaluation des résultats peut difficilement se limiter à ce qui est nécessairement requis par la prise en charge des situations professionnelles, comme le souhaite Zarifian (2000). D'autant plus, pour reprendre l'argument de Durand, que ce type d'évaluation supplée à l'incertitude patronale relative au contrat de travail et donne à la hiérarchie les moyens de contrôler les comportements au travail et de vérifier l'engagement des salariés à l'égard des objectifs de l'entreprise. L'évaluation centrée sur les comportements et les attitudes peut aussi induire une « norme comportementale » à laquelle il est difficile d'échapper et qui peut provoquer chez les salariés une réaction de repli ou la simulation de l'engagement pour ne pas attirer l'attention et pouvoir travailler dans la tranquillité.

Après des décennies de négation des aptitudes des salariés au travail et après avoir empêché la prise d'initiative par la prescription, le découpage des tâches et les contrôles hiérarchiques, l'émergence de la logique compétence revendique le retour du sujet dans l'organisation. Concomitante à la montée de l'individualité, c'est-à-dire l'affirmation du sujet en tant qu'acteur de sa vie et maître de son destin, la logique compétence repose, aux dires de ses promoteurs, sur la volonté des individus de prendre leur place au travail comme dans la société. Ses promoteurs affirment qu'elle est revendiquée au titre de l'investissement de soi et de la reconnaissance du travail réel, et que son émergence confirme le désir des individus de se réapproprier leur travail[1]. À cet égard, la logique compétence offrirait aux salariés l'opportunité d'un « retour du travail dans le travailleur » pour reprendre l'expression de Zarifian (2004 : 39). Mais ses détracteurs s'opposent à cette vision idéalisée de la logique compétence et rappellent que la loyauté affichée et la mobilisation des capacités cachent encore une séparation entre les employés et leur travail et qu'elle laisse intacte la rupture entre les salariés et l'entreprise (Rolle, 2003). Ils soutiennent, à l'encontre des premiers, que la valorisation des compétences s'inscrit dans une logique de fluidité sociale qui accompagne et complète celle de la production des biens et des services. En redéfinissant les métiers, la logique compétence accroît la polyvalence des travailleurs et assure à l'entreprise une mobilité de la main-d'œuvre qui améliore sa performance. Loin de permettre aux salariés de maîtriser l'usage de leurs capacités et de développer leurs aptitudes, la logique compétence subordonne leurs efforts aux impératifs d'efficience organisationnelle et de performance de l'entreprise.

2. Diffusion de la logique compétence

Par les promesses qu'elle recèle, la logique compétence a incontestablement une forte résonance sociale, et les changements qu'elle suggère sont d'une telle ampleur qu'ils ont suscité des recherches dans plusieurs directions. Si les monographies qui lui ont été consacrées approfondissent des aspects particuliers de sa mise en œuvre dans une perspective qualitative, peu d'enquêtes quantitatives ont tenté d'apprécier sa portée réelle et de mesurer l'étendue de son application. C'est pour cerner avec plus de précision l'ampleur de sa diffusion et les caractéristiques de son implantation dans les organisations, que Colin et Grasser (2003) ont construit un indicateur synthétique des pratiques de gestion des compétences qu'ils appliquent aux données de l'enquête REPONSE. Cette enquête du ministère du Travail porte sur les relations professionnelles

---

[1] Cette argumentation rappelle celle développée par Veltz dans plusieurs de ses publications.

et la négociation au sein des entreprises. Parmi les variables que cette enquête comporte, Colin et Graser retiennent celles relatives aux entretiens annuels d'évaluation des salariés (cadres et non-cadres), aux paramètres des politiques de développement des compétences dans la mesure où ces politiques impliquent au moins 3 % de la masse salariale, et celles relatives aux liens directs ou indirects existant entre les résultats des évaluations, la formation des salariés et l'évolution des carrières. Lorsque cette relation est directe, les auteurs parlent d'une gestion des compétences au sens fort du terme.

Il appert que dans l'échantillon des établissements participants à l'enquête REPONSE, 386 (soit 4.4 %) d'entre eux pratiquaient une gestion des compétences, dont 200 au sens fort du terme, soit 7.7 % des établissements. Les établissements des secteurs financiers et des services aux entreprises se démarquent largement avec des taux de près de 27 % pour les premiers et de 18 % pour les seconds. La taille des établissements entraîne également de fortes variations, particulièrement sensibles pour les établissements de plus de 500 salariés.

Les pratiques de gestion des compétences sont corrélées à certains mécanismes de participation (boîte à idées, cercles de qualité, réunions d'atelier) et se rencontrent surtout dans les établissements où la proportion de la main-d'œuvre qualifiée est élevée et où le nombre de niveaux hiérarchiques est faible. Ces résultats semblent confirmer l'idée que la logique compétence est associée à l'autonomie et à la prise de responsabilités par les salariés. Par contre, des caractéristiques plus directement organisationnelles (groupes autonomes, production en juste à temps, qualité totale, tâches fixes à exécuter, passage d'un poste à l'autre) ne semblent pas être liées aux pratiques de gestion des compétences. Ces résultats renforcent l'idée d'une séparation entre l'organisation du travail, noyau dur et stable des entreprises, et la gestion des ressources humaines qui adopte une logique novatrice à la périphérie de l'organisation du travail (Linhart, 1994).

Enfin, les résultats de cette étude corroborent ceux de plusieurs autres recherches qui démontrent l'existence d'une relation forte entre les pratiques de gestion des compétences et l'individualisation de la relation salariale. En effet, les augmentations individuelles de salaire et le versement de primes liées aux performances individuelles sont fortement corrélés aux pratiques de gestion des compétences. Mais le fait que la gestion des compétences au sens fort du terme soit associée aux versements de primes pour des performances collectives suggère aussi que la logique compétence ne conduit pas nécessairement à une individualisation de la relation salariale et qu'elle peut accompagner une articulation plus serrée de la gestion des ressources humaines et de la production. Cette hypothèse appuierait l'existence des deux modèles de la compétence définis par Paradeise et Lichtenberger (2001, a) et des formes de l'échange salarial qu'ils impliquent. L'articulation des compétences individuelles et de la compétence de l'entreprise dans une perspective d'amélioration des performances générales n'est donc pas un scénario à exclure.

3. Autonomie, compétence et régulation gagnante dans une usine sidérurgique

Alexandre-Bailly (2005) présente une analyse d'un service de gestion de la production d'une usine sidérurgique reconnue au sein de l'entreprise pour son fonctionnement particulièrement autonome et qui a su s'accommoder d'une gestion des compétences. La chercheuse a mené son investigation auprès de la direction des ressources humaines et des managers des différents niveaux hiérarchiques, et a effectué une quinzaine d'entrevues auprès des techniciens responsables des opérations, après les avoir observés en situation de travail. L'analyse du matériel recueilli démontre que la démarche compétence a modifié les rapports sociaux de ce centre de production au point de faire reculer la prescription au profit d'une participation qui à toutes les allures d'une régulation conjointe.

3.1. Un service de gestion de la production particulièrement autonome

Le service de gestion de la production en question est composé principalement de techniciens (cinq équipes de six personnes) et est encadré par deux niveaux hiérarchiques : un chef de service supporté par un adjoint et des chefs de poste responsables des équipes de travail. Le service fait partie d'un département qui regroupe deux autres services, un premier qui est responsable des études et un second qui est chargé des relations avec les clients et les transporteurs. Chaque équipe du service de gestion de la production assure la régulation des flux de la fonte et des autres composants qui y sont ajoutés, surveille la coulée qui s'effectue en continu et voit à la mise en ordre des brames qui sont acheminées vers le laminoir.

Il faut savoir que la production de l'acier est une activité difficilement prescriptible et que malgré les systèmes experts et la programmation préalable des opérations, la matière est fluctuante et les équipements sont fragiles. Compte tenu de la variété des commandes et de la grande diversité des types de production, la conduite des installations commande des prises de décisions nombreuses et rapides relativement aux meilleures combinaisons des composants, au balancement des productions et à l'acheminement des commandes. Considérant ces contraintes, les techniciens font preuve d'une grande conscience des enjeux économiques et témoignent d'une préoccupation constante à l'égard de la qualité des produits et du contrôle des coûts de production. Attribuable, peut-être, à la formation qu'ils ont reçue ou à leur appropriation des enjeux financiers de l'entreprise, il appert que leur souci d'une production de qualité à moindres coûts semble partagé et reflète une certaine adhésion aux objectifs de l'entreprise.

La caractéristique de ce centre réside dans sa gestion décentralisée et dans l'autonomie laissée aux équipes de production. Le chef du département laisse donc aux chefs de service le soin de gérer eux-mêmes les équipes de travail en s'appuyant sur des chefs de poste dévoués et responsables. De la même façon, le chef de service délègue aux chefs de poste les responsabilités d'évaluer les employés, de déterminer leur rémunération et d'accorder des promotions s'il y a lieu. Les chefs de poste assument également la responsabilité de l'organisation des équipes de travail et voient à la répartition des tâches. Les équipiers (techniciens), quant à eux, bénéficient d'une autonomie de gestion qui leur permet d'assumer les contraintes organisationnelles quotidiennes. Leur implication au travail se manifeste par une utilisation maximale des installations et par une performance avantageusement comparable.

3.2. Une gestion des compétences appropriée par les acteurs

La chercheuse se demande si cette dynamique enviable et les niveaux de performances atteints sont attribuables à la décentralisation de la prise de décision et à l'autonomie dont bénéficient les équipes de travail, ou si elles dépendent d'une logique compétence particulièrement bien implantée. Conformément à la culture participative de ce centre, la logique compétence a été introduite en suivant une démarche collective, et les référentiels utilisés ont été élaborés conjointement par les responsables des ressources humaines et par les groupes opérationnels de tous les niveaux hiérarchiques. Les entretiens d'évaluation sont généralisés à tous les salariés, et si l'accord Acap 2000 de la sidérurgie prévoit de rémunérer les compétences individuelles validées, l'application de cette règle salariale n'a pas eu de conséquences trop individualisantes sur les salariés aux dires de la chercheuse.

Certes, la démarche compétence sert d'outil de gestion et permet au chef de service d'avoir une vision globale des compétences disponibles. Elle favorise la responsabilisation des chefs de poste en tant que gestionnaires des ressources humaines et des flux productifs et les incite à composer avec les aléas de la production tout en satisfaisant aux exigences de productivité. Mais, pas plus qu'ailleurs, la logique compétence ne suscite l'unanimité. Les plus jeunes ou les plus ambitieux qui représentent la moitié des employés sur poste se sont emparés de l'outil de gestion des compétences pour planifier avec leur supérieur leurs trajectoires professionnelles. Ils profitent des entretiens d'évaluation pour faire valoir leurs compétences et pour négocier des mises en situation susceptibles de parfaire leurs connaissances. Les autres, plus âgés ou bénéficiant d'une politqiue de mise progressive à la retraite, se sentent moins concernés par les promotions et acceptent moins facilement la nouvelle gestion des compétences. Mais leur bonne volonté et leur attachement au métier les empêchent de résister aux appels à la polyvalence qui facilite la gestion des équipes de travail et offre aux plus jeunes les occasions de formation qu'ils revendiquent. Enfin, quelques-uns s'opposent et voient dans la gestion des compétences un outil servant à justifier a posteriori des décisions déjà prises. Bref, la logique compétence sert ici d'outil de gestion et permet à l'encadrement de planifier les évolutions de carrière et aux employés de faire valoir leurs acquis. La prise de responsabilité est valorisée et l'autonomie des équipes de travail permet aux employés de saisir les occasions d'acquérir de nouveaux savoirs et libère l'initiative des contraintes inhibitrices.

Il ressort donc de cette première analyse que la logique compétence mise en œuvre sur ce site relève du deuxième modèle de la compétence défini par Paradeise et Lichtenberger (2001, a) et qu'elle favorise une mobilisation de l'ensemble des partenaires. L'encadrement s'y engage à fond parce qu'elle lui permet de sortir la production à temps malgré les aléas et la diversité des commandes, tandis que les possibilités de promotion mobilisent les techniciens qui peuvent ainsi se projeter dans l'avenir en misant sur le développement de leurs compétences. Chacun s'engage vis-à-vis l'autre dans un échange donnant, donnant qui crée un climat de confiance et qui a aussi pour effet de personnaliser les rapports sociaux entre les individus.

3.3. Gestion des compétences et régulation conjointe

La logique compétence déployée sur ce site de production favorise sa régulation par les acteurs concernés. Alors que la hiérarchie exige de meilleurs rendements et pousse à la productivité, les employés utilisent la gestion des compétences pour revendiquer plus d'autonomie et accroître les occasions d'améliorer leurs connaissances. Parce que les objectifs de production sont acceptés par les salariés et que leur sens des responsabilités est déjà reconnu, l'autonomie des travailleurs n'est pas une autonomie déléguée ou instrumentée par la hiérarchie, ni conquise contre elle, mais prend la forme d'une autonomie d'engagement à l'égard des fonctions occupées et des performances attendues. Elle s'affirme dans le dialogue et l'échange des points de vue, eux-mêmes rendus possibles par les compétences acquises, reconnues et valorisées.

Appuyée par la logique compétence, cette régulation conjointe renouvelle la relation salariale en fixant les termes de l'échange à l'occasion des entretiens d'évaluation. Si un des partenaires s'engage à acquérir de nouvelles compétences et à les faire valider en situation de travail, l'autre s'engage à les reconnaître et à les valoriser au plan de la rémunération et de la promotion. Les attentes réciproques s'objectivent et la transparence des intérêts des uns et des autres milite en faveur d'un dialogue favorable aux deux parties.

Parce que les salariés sont libres de prendre des initiatives relativement à leur évolution professionnelle et que les connaissances qu'ils acquièrent permettent de répondre aux exigences des activités, la logique compétence instaure un climat de confiance susceptible d'améliorer la productivité qui est essentielle à la survie de l'établissement. L'autonomie des équipes de travail rend superflues les prescriptions et humanise le travail dans un contexte où les figures de l'actionnaire et du client, quoique insaisissables aux dires de la chercheuse, sont omniprésentes.

En se saisissant de la gestion des compétences, les acteurs de ce centre de production ont réussi à établir, dans une dynamique de régulation conjointe qui leur est propre, des équilibres fragiles entre le leadership de la direction et l'autonomie des équipes de travail, entre le développement des compétences et l'évolution des carrières, et entre la performance productive et la cohésion sociale des collectifs de travail. Mais, à quoi peut-on attribuer cette dynamique particulière ? Serait-elle le reflet d'un équilibre entre les intérêts de l'encadrement (assurer la paix sociale et la cohésion des équipes de travail nécessaires à la gestion des flux tendus) et ceux des collectifs de travail qui profitent d'une autonomie bienvenue tout en assumant l'intégration de ses membres ? La bonne entente qui semble régner dans ce centre de production dépend-elle des aptitudes des managers à gérer avec souplesse les contraintes de la productivité ou dépend-elle d'une application particulièrement bien réussie de la logique compétence ? Les employés sauront-ils résister encore longtemps à la course à la performance à laquelle ils sont soumis et de laquelle dépend la survie du centre ? Quoi qu'il en soit, la situation particulière de ce centre de production et sa dynamique singulière seraient difficilement exportables, aux dires mêmes de la chercheuse.

4. Une gestion des compétences qui crée des tensions : l'exemple de La Poste

Depuis le début des années 80, La Poste a procédé à plusieurs restructurations qui se sont accélérées par la suite sous l'impulsion des politiques de déréglementation édictées par le Parlement européen et par l'ouverture des activités postales à la concurrence. D'ancien monopole d'État, La Poste a obtenu le statut *d'exploitant public*, c'est-à-dire qu'elle est devenue financièrement autonome et que ses activités sont assujetties aux règles de la concurrence, mais tout en demeurant propriété de l'État. Les exigences de productivité et de rentabilité qui sont maintenant les siennes, obligent La Poste à se repositionner sur des marchés ouverts et à revoir ses structures organisationnelles et son mode de fonctionnement.

L'introduction de la logique marchande à La Poste et le choix d'une orientation-client ont commandé un déplacement des emplois et des effectifs du *back office* vers le *front office* afin d'adapter l'offre de services aux exigences de la clientèle. C'est donc dans le cadre de cette restructuration organisationnelle déterminée par des impératifs commerciaux et réglementaires que La Poste a décidé de transformer en profondeur la relation salariale qui la lie à ses employés, lesquels bénéficient toujours de la protection du statut de fonctionnaire. Elle a modifié l'ancien système de gestion de sa main-d'oeuvre jusque-là fondé sur la détention de grades obtenus à la suite de concours (modèle de la classification des postes) en introduisant une nouvelle gestion qui prend en compte la fonction occupée et la façon dont les salariés assument les responsabilités qui leur sont confiées (modèle de la compétence). Au cours des années 90, La Poste a donc instauré un mode de gestion des compétences qui s'appuie sur une politique d'évaluation périodique des salariés et qui conditionne leurs promotions aux résultats qu'ils obtiennent.

L'objectif de la recherche de Baraldi, Cavestro et Durieux (2002) vise à éclairer ce passage d'un modèle de gestion de la main-d'œuvre à un autre en s'appuyant sur une série d'enquêtes menées en 2002 auprès de différents représentants de La Poste et de ses salariés. Les chercheurs avancent l'hypothèse que « ce passage est instrumenté par l'émergence de nouvelles règles qui transforment la relation salariale » (p. 50). Ces règles sont constituées de référents communs à l'action des acteurs et jouent essentiellement deux rôles. En tant que modèles de conduite, elles orientent les comportements des salariés vers les objectifs de qualité et d'efficacité que La Poste attend d'eux, mais sans les déterminer totalement. Elles constituent par ailleurs des référentiels qui permettent d'apprécier les comportements observés par rapport à la mobilisation souhaitée et à l'adhésion des salariés aux objectifs de la société. Mais, parce que ces nouvelles règles s'ajoutent aux anciennes qui perdurent dans l'organisation, la question est de savoir comment elles modifient les comportements des agents. Sont-elles le véhicule de déterminants externes qui induisent les comportements souhaités ou offrent-elles aux salariés une marge d'interprétation qui autorise des jeux croisés quant à leur application ?

4.1. L'introduction de la logique compétence à La Poste

Considérant ses nouveaux impératifs commerciaux et financiers et prenant en compte la révision effectuée en 1993 de la grille de classification de la Fonction publique qui détermine le passage du modèle du grade à celui de fonction, La Poste souhaite améliorer la productivité des employés par une mobilité accrue et par un rehaussement de leur engagement au travail. Elle croit y parvenir, par delà ses efforts de rationalisation et le maintien des prescriptions, en repérant les compétences transversales des agents, lesquelles devraient lui permettre de flexibiliser sa gestion des salariés. Pour ce faire, trois dispositifs ou ensembles de règles sont mis en œuvre.

Le premier consiste en l'élaboration de référentiels de compétences techniques et comportementales qui découlent de la définition de nouvelles fonctions de travail (activités ou tâches regroupées). Au plan technique, les compétences requises réfèrent à des connaissances générales, procédurales, organisationnelles et à des savoirs opérationnels. Au plan comportemental, la démarche suivie par La Poste a donné lieu à la production d'un *Dictionnaire* que l'encadrement utilise lors du recrutement, de la sélection et de l'intégration d'un employé à une fonction de travail. S'y trouvent définies 17 compétences regroupées en 5 familles. Par exemple, on retrouve au sein de la famille des compétences cognitives, les capacités d'analyse et de synthèse, alors que la maîtrise de soi, l'autonomie et l'adaptabilité sont regroupées au sein de la famille des compétences d'efficacité personnelle. Il s'agit donc de compétences transversales susceptibles d'utilisations diverses selon les fonctions occupées et les contextes particuliers de travail. Ce *Dictionnaire* répertorie en fait les comportements valorisés par l'employeur et définit les habiletés et les aptitudes à maîtriser lors de dysfonctionnements techniques et organisationnels ou à l'occasion de situations relationnelles tendues. Il constitue un référentiel normatif à multiples usages : il fixe les exigences en matière de recrutement et d'occupation d'une fonction, il guide les comportements des agents au travail, et il balise le jugement de la hiérarchie en matière d'évaluation.

L'évaluation individuelle qui remplace l'ancien système de notation constitue le deuxième dispositif. À La Poste, l'ancien système comportait trois composantes : la première exprimait le rendement de l'agent, la seconde portait sur l'appréciation des manières de servir la clientèle et la troisième traduisait le jugement du supérieur immédiat sur la relation de l'agent à l'organisation. Le nouveau dispositif comporte maintenant une appréciation des résultats individuels et une évaluation du potentiel des agents dans les cas où ceux-ci souhaitent postuler un autre emploi. L'appréciation des résultats consiste en un entretien entre l'agent et son supérieur immédiat et vise à déterminer le niveau d'atteinte des objectifs fixés l'année précédente et à déterminer ceux de l'année suivante. Comme les compétences techniques sont habituellement maîtrisées, l'entretien porte principalement sur les compétences comportementales qui permettent de différencier les façons de faire des agents et leurs performances. Parce que les notes attribuées aux agents étaient au début peu discriminantes, les directions des ressources humaines ont invité l'encadrement à disperser davantage leurs cotations, ce qui amène à penser que l'évaluation sert davantage à repérer les meilleurs agents qu'à établir des plans de formation pour qu'ils puissent parfaire leurs compétences en vue d'une progression de carrière. De toute façon, les possibilités de promotion sont rares du fait de l'allègement de la ligne hiérarchique et de l'obligation de reclasser un certain nombre d'employés qui occupaient des tâches ou exerçaient des métiers qui sont devenus moins utiles ou qui ont été supprimés.

Le troisième dispositif est constitué des examens d'aptitudes appelés à remplacer les anciens concours internes. Ils visent à planifier les promotions en fonction des besoins de l'organisation. Au-delà des *épreuves* qu'ils comportent, l'aspect principal de ce dispositif réside dans les modifications qu'ils apportent aux anciennes règles de promotion. Anciennement, celles-ci reposaient sur des critères relativement objectifs comme l'ancienneté et le diplôme, et laissaient aux salariés la liberté de se présenter à tous les concours, indépendamment de leur attachement à un corps d'appartenance. Maintenant, un agent doit occuper une fonction pendant au moins quatre ans avant de postuler une promotion, et la fonction qu'il vise doit être immédiatement supérieure à celle qu'il occupe, d'où l'impossibilité d'une progression rapide. Enfin, les examens d'aptitudes portent davantage sur la façon dont le salarié a assumé son ancienne fonction et visent à établir le potentiel comportemental qu'il évoque à l'appui de sa demande plutôt qu'à déterminer ses compétences techniques et à évaluer ses savoir-faire.

La mise en œuvre de ces trois dispositifs de gestion des ressources humaines démontre clairement la primauté que La Poste accorde aux compétences comportementales puisque les compétences techniques et organisationnelles sont considérées comme étant acquises. Cela s'explique aussi par le fait que les compétences techniques sont jugées trop particulières à une fonction donnée pour permettre une gestion de la mobilité du personnel et que seulement les compétences transversales peuvent être considérées. Parce que les directions estiment que ces compétences sont plus facilement observables et qu'elles permettent de discriminer plus aisément les agents, l'amélioration de la productivité du travail passe donc par leur repérage. C'est donc davantage la recherche d'une plus grande mobilité de la main-d'œuvre qui semble guider l'application de la logique compétence à La Poste que le développement des compétences individuelles ou de celles de l'établissement.

4.2. Les tensions d'une gestion des compétences instrumentée

Les dispositifs de gestion de la main-d'oeuvre étant décrits, les auteurs proposent une analyse de leur mise en application et de l'usage que les acteurs en font. Ils révèlent les zones d'incertitude que leur application entraîne et soulèvent les enjeux qu'elle représente pour les acteurs concernés. Quatre sources de tensions apparaissent qui fragilisent la position des salariés et affectent le développement de la logique compétence.

Premièrement, la superposition des nouvelles règles de gestion axées sur la performance commerciale aux anciennes dispositions valorisant le service public au nom de la responsabilité nationale est difficilement vécue par les agents qui se sentent solliciter par deux modèles de service. En effet, comment maintenir et développer un service public de qualité tout en poursuivant des objectifs de productivité et de rentabilité ?

Deuxièmement, la mise en œuvre d'une démarche compétence suppose une progression parallèle des compétences individuelles et de celles de l'organisation, et un engagement des salariés à l'égard de ses objectifs. Comment alors concilier le développement de la compétence de l'organisation avec celui des compétences des collectifs de travail quand l'évaluation porte sur les performances individuelles plutôt que sur les compétences à développer ? Cette contradiction explique la faible dispersion des notes d'évaluation individuelle qui a été constatée, parce que des écarts trop marqués entraîneraient un désengagement des salariés moins bien pourvus en compétences, notamment en habiletés relationnelles, et affecteraient le fonctionnement des collectifs de travail que la hiérarchie de proximité tente de préserver. L'instrumentation des évaluations individuelles à des fins de gestion des ressources humaines et de mobilité du personnel constitue donc un obstacle au développement des collectifs de travail.

Troisièmement, les nouvelles règles de la gestion des compétences laissent à la hiérarchie et aux agents des marges d'interprétation plus larges que celles que permettait l'ancien système de notation. Ces marges d'interprétation rendent moins prévisibles l'appréciation de la hiérarchie et les réactions des agents. De nouvelles zones d'incertitude s'ouvrent donc aux jeux des acteurs, d'autant plus que plusieurs agents affirment mal connaître les critères sur lesquels ils sont évalués et les compétences requises par leur emploi. Ce manque de transparence entraîne une suspicion chez les agents et rend encore plus difficile la tâche d'évaluation. Dans ce contexte, il n'est pas étonnant de constater que l'évaluation, parce que trop axée sur la productivité, est souvent perçue par les postiers comme un moyen de mobilisation qui les lance dans une course sans fin à la performance. Il leur semble que les limites de la productivité reculent sans cesse et que l'évaluation se résume à une procédure qui vise à mesurer leur performance à l'aune des objectifs de l'organisation. La table est donc mise pour que s'installe un jeu pervers où les agents bien dotés en compétences adhèrent aux objectifs de l'établissement, tandis que les autres se réfugient derrière le masque de la loyauté simulée. Pour ces derniers, le risque est grand que la logique compétence apparaisse comme un discours idéologique qui, en faisant l'éloge de la performance, cache un jeu de dupes.

Enfin, la reconnaissance des compétences pose l'enjeu de l'équité de traitement des postiers. Comment rendre compte des performances individuelles au plan de la rémunération, si tant est qu'elles soient objectivement mesurables, lorsqu'elles dépendent de la fonction occupée et des ressources mises à la disposition des salariés ? Comment valoriser les efforts individuels, la prise d'initiatives et le sens des responsabilités quand les possibilités de promotion sont rares ou qu'elles sont gérées en fonction des besoins en main-d'œuvre de l'organisation ? Comment assurer une juste répartition des emplois, des salaires, des conditions de travail et des possibilités d'avancement dans un système tiraillé entre une logique marchande d'efficacité et une logique citoyenne de service public ?

En somme, la perception que les nouvelles règles de gestion des compétences soient assujetties aux objectifs de rentabilité et de productivité que le nouvel encadrement réglementaire et concurrentiel impose à La Poste, génère de nouvelles zones d'incertitude qui questionnent la légitimité de la logique compétence. La dualité des logiques marchande et de service public qui caractérise l'organisation de La Poste divise les postiers entre ceux qui, mieux pourvus en compétences, relèvent le défi de la performance dans un jeu dont ils ne contrôlent pas totalement les règles, et ceux qui y renoncent plus ou moins ouvertement en se repliant sur des stratégies d'évitement ou de simulation. Cette polarisation des postiers risque de désolidariser les collectifs de travail et de rendre plus difficile l'atteinte des objectifs que La Poste s'est fixée.

5. La difficile appropriation de la logique compétence : le retrait des salariés de l'administration

Les premiers accords sociaux qui ont introduit la notion de compétence ont été négociés au niveau de certaines branches professionnelles ou auprès de quelques grandes entreprises qui constituaient en elles-mêmes un secteur d'activité. Lors de ces négociations, les syndicats visaient à baliser son déploiement afin d'éviter le déclassement des salariés moins bien pourvus en compétences, tandis que les entreprises cherchaient à associer les salariés au risque qu'elles prenaient et à mobiliser leurs compétences afin d'accroître leur performance. En partant des critères de classification des compétences définis au niveau sectoriel, il revenait ensuite aux entreprises locales de développer leurs référentiels de compétences, c'est-à-dire de répertorier pour chaque catégorie d'emploi les compétences requises à leur occupation.

Il appert aujourd'hui, à la suite de la diffusion de l'approche compétence, que ces référentiels sont définis de façon très large et abstraite, et que leur formulation est souvent très éloignée du contenu réel des activités qu'ils visent. Ces référentiels, qui devaient refléter le plus fidèlement possible les compétences requises par les emplois, laissent donc place à interprétation. De fait, les règles de la gestion des compétences, que l'on croyait avoir fixées de façon définitive, sont encore l'objet de négociations incessantes, plus ou moins formelles, particulièrement au moment de l'évaluation et de la détermination des salaires. Les jugements que la hiérarchie porte sur les compétences et les niveaux de performance des employés lors des entretiens annuels souffriraient d'un déficit de légitimité aux dires de plusieurs salariés.

Dans les administrations publiques et parapubliques où les risques de licenciement sont faibles et les compétences reconnues, les enjeux des évaluations individuelles portent principalement sur la rémunération et les promotions. Plusieurs problèmes se posent alors. Comment objectiver les critères d'évaluation et apprécier comparativement les performances de salariés différents qui occupent des situations de travail complexes et hétérogènes ? Comment, malgré le flou qui entoure les critères d'évaluation, apprécier le potentiel de développement des compétences des salariés et justifier les jugements de compétence posés par la hiérarchie ? Comment la gestion des compétences peut-elle susciter la loyauté et la mobilisation des salariés et éviter le découragement de ceux qui sont en attente d'une promotion ou d'une hausse de salaire qui ne vient pas ? La logique compétence peut-elle gérer les résistances des salariés, ou leur retrait indique-t-il les limites de son application ?

Dans un contexte où la gestion des compétences est le fruit d'interactions multiples, en particulier entre les salariés et la hiérarchie de proximité, et que ses règles sont ouvertement discutées, voire contestées, la recherche de Richebé (2002) propose d'analyser les jeux des acteurs que son application induit. Centrée sur les risques de mise à l'écart des salariés réfractaires à la logique compétence, l'étude de la chercheuse tente de cerner la rationalité de ces marginaux de la compétence en reconstituant le fil de leur raisonnement. Elle s'appuie sur une centaine d'entrevues menées en 1996 et 1997 auprès de salariés (employés, techniciens, agents de maîtrise, membres de la hiérarchie), de représentants syndicaux et de dirigeants. Sa recherche démontre que la logique de retrait de salariés inquiets renvoie à une conception particulière de l'échange salarial.

Les salariés en question oeuvrent au sein d'une administration qui s'est engagée dans un processus d'amélioration de la qualité et de l'efficacité de ses services auprès des usagers. Le groupe visé est principalement composé de femmes, employées de bureau faiblement qualifiées, et leur ancienneté moyenne est de vingt ans au moment de l'enquête. Ces employées doivent maintenant se soumettre à une démarche compétence qui prévoit une procédure d'évaluation et une progression salariale au mérite, celle-ci étant accordée à la suite d'une validation des compétences en situation réelle de travail. Or, la nouvelle classification des emplois suscite de vives réactions et provoque des comportements de retrait chez plus de la moitié des salariés qui, en plus, refusent de poser leur candidature à des emplois mieux cotés et de participer à des démarches d'amélioration des compétences. Cette réaction perdure au-delà de la phase transitoire de l'implantation du nouveau système de gestion et interroge par le fait même la conception implicite de l'échange salarial qu'il véhicule. Cette conception semble être fort éloignée des critères de justice et d'équité que les salariés partagent et qui soudent leur avenir individuel à celui des collectifs de travail qu'ils ont progressivement formés au fil de leurs expériences collectives de travail.

5.1. Des conceptions différentes de l'équité et de l'engagement

La logique compétence qui repose sur un échange de contribution contre rémunération ou d'engagement contre formation, a pour effet de valoriser les comportements intéressés et heurte le sentiment de gratuité qui caractérise le travail de plusieurs salariés. Elle fait fi du don de soi qui explique l'engagement au travail et qui maintient les salariés en emploi. Anciennement, le respect des principes de l'ancienneté et de la détention des postes garantissait aux salariés une reconnaissance de leur implication au travail par le statut et la progression des salaires. L'équité pour les salariés consistait alors à ne pas compter à court terme leur investissement au travail puisqu'ils étaient assurés d'obtenir à long terme une compensation de leurs efforts.

En voulant associer directement la rémunération individuelle à la contribution effective de chacun et en affirmant ne payer que pour ce qui est vraiment fait, la logique compétence introduit dans l'activité même du travail une dimension marchande qui, tout en évoquant l'ancienne rémunération au rendement, ne peut être efficace que si elle est légitime. Or, pour les salariés, investissement et rémunération se situent dans des temps et des registres différents. Le premier réfère au temps présent et au travail en cours de réalisation, tandis que la seconde renvoie au temps long et à la négociation. Il en résulte que la contribution fournie est rarement égale à la rétribution à court terme, mais qu'elles s'équilibreront à long terme.

La logique de calcul que la gestion des compétences introduit amène les salariés à mesurer leur engagement au travail à l'aune de la rémunération et des avancements possibles. Or, investir dans le développement de nouvelles compétences représente pour les salariés un coût dont la projection dans l'avenir doit laisser entrevoir la possibilité réelle d'un échange équitable. Contrairement aux prétentions de la logique compétence qui veut responsabiliser les salariés à l'égard du développement de leurs compétences, l'introduction de la logique marchande au sein même de la relation de travail a donc pour effet de limiter leur investissement au travail et explique en partie le retrait des salariés.

5.2. La légitimité du jugement de compétence en question

Les anciennes règles de promotion (diplôme, ancienneté, notation et qualification acquise en cours d'emploi) avaient l'avantage d'être relativement objectives et laissaient peu de place à l'arbitraire du jugement. Parce que le jugement de compétence réfère à des critères abstraits et qu'il s'appuie sur des observations ponctuelles, il ne peut avoir de sens aux yeux des salariés que s'ils reconnaissent à l'ensemble de la démarche d'évaluation une certaine objectivité, et à la hiérarchie l'impartialité suffisante pour porter un jugement éclairé. Dans les cas où la légitimité des uns s'oppose à celle des autres, il peut s'avérer difficile d'arriver à des interprétations similaires des situations de travail et d'aboutir à un compromis satisfaisant pour les parties. Par ailleurs, la hiérarchie seule ne peut décréter ce qui constitue un travail de qualité, et encore moins fixer unilatéralement le niveau d'engagement nécessaire à la réalisation d'une tâche, surtout dans les situations où les moyens sont comptés et que les attentes des employeurs et des employés sont élevées.

Vouloir comprendre et reconnaître l'articulation des compétences individuelles et collectives à travers les jeux relationnels et le déploiement des savoirs présente, selon Richebé, des difficultés majeures. Les outils d'évaluation des compétences peuvent difficilement prendre en compte les jeux croisés des échanges et des collaborations qui enrichissent les individus et améliorent les performances individuelles. A contrario, si la performance d'un collectif de travail dépend, mais sans s'y limiter, du partage des expériences et des savoir-faire, elle ne peut se mesurer par le biais des performances individuelles. Par exemple, un membre individuellement performant peut avoir un impact négatif au plan collectif par les tensions que son zèle génère, tandis qu'une personne moins performante peut exercer une influence positive sur le groupe par la motivation qu'elle suscite ou par sa contribution au climat de travail. La deuxième difficulté réside dans la quasi-impossibilité de différencier, dans l'articulation des compétences individuelles et collectives, la part d'efficience qui revient aux salariés de celle qui appartient aux moyens utilisés. Autrement dit, discriminer les résultats obtenus entre l'efficience de l'organisation et l'efficacité de l'action productive n'est pas une mince tâche. Enfin, parce que les performances relationnelles dépendent de la personnalité des salariés et de la position qu'ils occupent au sein des équipes de travail, elles réfèrent au registre du don et de la gratuité qui échappe à la logique compétence.

La gestion des compétences soulève donc chez les salariés un questionnement relatif à l'objectivité de la démarche d'évaluation et à la légitimité des jugements de compétence qui sont portés. La logique marchande qu'elle introduit entre les acteurs remet en cause chez certains salariés la logique du don et de la gratuité. Or, cette logique de l'implication de soi explique l'engagement des salariés à long terme et leur permet de pondérer leurs efforts immédiats en fonction d'une reconnaissance à venir. S'il y a dans l'engagement de soi une part de gratuité immédiate et de calcul à long terme, il y a aussi dans le retrait une part de calcul immédiat et de protection à long terme. L'engagement, et son contraire le retrait, dépendent donc de l'appréciation que les salariés font des règles salariales.

Est-il souhaitable que l'engagement des salariés, leur sens des responsabilités et leur esprit d'initiative soient incorporés aux compétences et validés par une démarche d'évaluation ? Est-il préférable que l'implication au travail fasse l'objet de négociation comme le souhaite Zarifian (2000) ou qu'elle demeure dans la sphère imprescriptible du domaine privé comme le recommande Durand (2000) ? La recherche de Richebé démontre que si l'engagement au travail devenait un objet d'évaluation, il perdrait le sens qu'il a pour plusieurs salariés. La gratuité qu'il comporte n'a de sens que parce que l'engagement relève du privé et de la liberté d'agir et qu'il ne peut être négocié. Pour les plus jeunes, par contre, leur adhésion aux objectifs de l'établissement pose moins de problème et ils affirment que leur liberté est ailleurs. Paradoxalement, leur attachement à l'établissement est plus ambigu. S'ils acceptent plus facilement les nouvelles règles du jeu, ils se réservent la liberté d'en sortir si une meilleure offre se présente. Ainsi, en voulant associer les salariés à l'organisation, la logique compétence introduit, involontairement peut-être et de façon contradictoire, une dynamique marchande qui risque d'atténuer l'engagement au travail et d'émousser le sentiment d'appartenance des salariés à leurs établissements.

Conclusion

L'étude statistique de Colin et Graser a le précieux mérite de mesurer la diffusion de la logique compétence et de discerner, parmi les variables organisationnelles qui caractérisent les établissements, celles qui lui sont effectivement associées. Il ressort de leur analyse que la grande entreprise, particulièrement celle du secteur de la finance et des services aux entreprises, adopte plus souvent que les autres établissements la logique compétence, et que si celle-ci est associée à certaines techniques de gestion participative, elle est plus rarement reliée aux variables organisationnelles fortes comme celles des groupes autonomes, de la production en juste à temps et de la qualité totale. Cela confirme les analyses qui relèvent une coupure entre les mécanismes de participation qui se sont multipliés durant les années 80 et 90 et le noyau dur de l'organisation du travail qui résiste au changement.

Même si la dimension gestionnaire de la logique compétence est omniprésente et que le management a tendance à subordonner son utilisation aux besoins en main-d'œuvre des entreprises, Alexandre-Bailly a démontré que son appropriation par les salariés est possible. La logique compétence peut donc, dans certaines situations, impulser une dynamique de réciprocité qui permet aux salariés de se projeter dans l'avenir et aux gestionnaires de planifier les carrières en misant sur un développement prévisible des compétences.

L'ambition avouée de la logique compétence de mobiliser à la fois les savoirs cognitifs, les savoir-faire et les compétences relationnelles des salariés suscite des tensions que Baraldi, Cavestro et Durieux ont finement analysées dans leur étude consacrée aux salariés de La Poste. L'arrimage des compétences individuelles et collectives, en l'occurrence celle de l'entreprise, ne va pas de soi dans un contexte de rationalisation et au moment où l'organisation a tendance à valoriser principalement les compétences qui répondent à ses besoins en main-d'œuvre. Évidemment, cette gestion différentielle des compétences induit des effets qui ne sont pas sans affecter les collectifs de travail.

Contrairement aux anciennes règles de gestion qui reposaient sur des critères relativement objectifs de qualification et d'ancienneté, les nouvelles règles de la gestion des compétences laissent aux acteurs une marge d'interprétation qui rend leur application difficile et qui crée des zones d'incertitude. Elles ont pour effet de déstabiliser les acteurs et d'engendrer un climat de suspicion contraire au climat de confiance recherchée par leur adoption. C'est la raison pour laquelle certains groupes de salariés refusent de jouer le jeu des compétences et adoptent une position de retrait. La recherche de Richebé souligne le côté rationnel de cette mise à l'écart et démontre, qu'en introduisant une logique marchande, la logique compétence remet en cause le don de soi et l'engagement gratuit qu'elle appelle pourtant de tous ses vœux. Pour plusieurs salariés, leur implication au travail donne à leur action un sens que sa négociation ou sa reconnaissance dans une démarche d'évaluation aurait pour effet d'effacer. De plus, cette dynamique invisible de la gratuité renvoie à une conception de l'équité et de l'échange salarial qui s'apprécie sur le long terme. Or, cette conception de l'équité sociale et du rapport salarial semble incompatible avec une logique compétence axée sur le présent et qui ne rémunère que les compétences validées.

Les constats établis par plusieurs autres recherches convergent vers une interprétation similaire de la logique compétence en tant qu'instrument de gestion de la main-d'œuvre et outil de mobilisation des salariés. En effet, en transformant les salariés en entrepreneurs responsables du développement de leurs compétences et en négociateurs de leur place au sein de l'entreprise, la logique compétence transforme les termes de l'échange salarial et met en jeu, comme le soutient (Reynaud (2001), l'engagement et la performance des salariés contre la promesse de rétribution et de promotions à venir. Est-il donc raisonnable de penser que la simple reconnaissance au plan local de quelques compétences individuelles puisse constituer un facteur suffisamment fort pour atténuer le caractère inégal de l'échange salarial ?

TROISIÈME PARTIE
QUATRE ASPECTS DE
LA TRANSFORMATION DU TRAVAIL

Le retour en force des métiers enregistré depuis le début des années 80 se situe au carrefour de deux tendances contradictoires qui interpellent les chercheurs et qui ne manquent pas de susciter un questionnement sur le sens à donner à ces évolutions opposées (Piotet, 2002 : 1). D'une part et au même titre que la qualification et la coopération, le métier a souffert de la rationalisation du travail et sa forme plus ou moins artisanale est apparue au fil de l'évolution de l'organisation du travail comme un anachronisme, mais sans disparaître totalement parce que nécessaire encore dans certains secteurs d'activité. D'autre part, sa résurgence récente s'explique en partie par le besoin des organisations de disposer d'une main-d'œuvre autonome et capable de prendre des initiatives tout en sachant composer avec les contraintes qui pèsent sur elle et l'entreprise. Autant l'organisation tayloriste visait à prendre le contrôle du travail au détriment des métiers et des qualifications, autant les organisations post ou néo-tayloristes appellent les salariés à se mobiliser et à déployer leurs capacités professionnelles.

Un raisonnement similaire s'applique à la coopération au travail. Longtemps niée par le taylorisme, elle est aujourd'hui requise dans maintes situations et fait l'objet d'appels répétés des directions. Mais, en définissant les tâches et en répartissant les rôles de façon étroite, tout en fixant les standards à respecter, l'organisation du travail en balise l'étendue, et les dispositifs de gestion et d'encadrement des salariés la canalisent vers l'atteinte des objectifs des entreprises. D'où son oscillation entre des formes ouvertes et valorisées, d'une part, et des formes contraintes et soumises, d'autre part.

Il en est de même de l'autonomie au travail. Les investissements consacrés à l'implantation de systèmes de production automatisés conduisent les entreprises à vouloir maximiser leur utilisation en réduisant la durée des pannes et en prévoyant, si possible, leurs dysfonctionnements. Cela ne peut être fait qu'en sollicitant les capacités d'anticipation des opérateurs et en permettant aux équipes d'entretien et de maintenance de coordonner leurs efforts en cas de difficulté. Les zones de liberté octroyées à ces salariés s'imposent donc pour des raisons techniques et constituent des solutions financièrement avantageuses pour les entreprises. Dans le secteur tertiaire, les conditions particulières de la prestation de service et la variété des exigences des clients supposent des coopérations et des engagements professionnels incompatibles avec des modes opératoires trop rigoureusement définis. La nature et la qualité des services à livrer impliquent, de plus, une étroite collaboration entre le *back office* et le *front office* que seule l'autonomie dans le travail rend possible. Mais, plusieurs monographies et recherches quantitatives démontrent que l'autonomie ne s'oppose pas à la prescription, ni au contrôle hiérarchique. Au contraire, il semble qu'autonomie et contrainte fassent bon ménage, et que les situations caractérisées par une régulation autonome se raréfient au profit de celles contrôlées par la hiérarchie ou par des dispositifs organisationnels et de gestion.

Simultanément à la montée de l'autonomie, de la coopération, et des métiers, les grandes enquêtes sur les conditions de travail révèlent aussi que les salariés travaillent plus durement. Plusieurs affirment manquer de temps pour réaliser leurs tâches, et que les contraintes de rythme qu'ils subissent traduisent une intensification de leur travail. Par ailleurs, d'autres études démontrent que durant la même période la productivité du travail s'améliore et que les entreprises enregistrent de meilleures performances. Sans se rendre coupable d'une causalité indue, l'effet différentiel de l'intensification du travail mérite que l'on s'y attarde.

TROISIÈME PARTIE
QUATRE ASPECTS DE LA TRANSFORMATION DU TRAVAIL

I
Les métiers en question : redéfinition, valorisation et subordination

Introduction

Le retour des métiers que toute une littérature managériale et sociologique célèbre et scrute depuis le début des années 80 comporte un certain nombre d'ambiguïtés à l'image de l'évolution du travail et de son organisation et porte en creux les contradictions qui caractérisent les entreprises en quête de rendement et de flexibilité en même temps qu'elles recherchent la qualité et la fiabilité.

Par exemple, si l'automatisation a entraîné la disparition de certains métiers manuels, elle a aussi amené la création de nouvelles professions comme l'informatisation des processus productifs le fera plus tard, en particulier dans le secteur tertiaire et dans celui des industries de série. Parallèlement à ces poussées technologiques, l'accroissement de la demande pour des biens et des services de qualité suscite de nouveaux modes de compétition fondés sur la différenciation des produits et la personnalisation des services. Des formes d'organisation du travail plus flexibles et innovantes apparaissent alors et imposent à la qualification de nouveaux paramètres qui influent à leur tour sur la formation de nouveaux métiers. De plus, là où la rationalisation a atteint ses limites, les métiers tendent à refaire surface à la suite des appels à l'autonomie et à la prise d'initiative. Le modèle d'efficience que Veltz et Zarifian (1993) définissent par l'articulation de l'autonomie productive et de la coopération horizontale repose en fait sur les habiletés relationnelles des opérateurs et sur la collaboration des métiers et des services. Enfin, il arrive aussi que les métiers soient appelés à résister à la taylorisation des services et qu'ils se portent à la défense de leur personnalisation contre les organisations qui cherchent à les standardiser.

A contrario, les pratiques d'externalisation et de sous-traitance peuvent avoir pour effet d'opposer qualification et statut. Il arrive que des salariés qui effectuent des tâches similaires ou qui occupent des emplois qui requièrent des qualifications comparables ne bénéficient pas du même statut parce qu'ils appartiennent à des organisations différentes. Si le métier unit les salariés dans une connivence professionnelle, « le statut attribué par la nature du contrat divise », affirme avec pertinence Piotet (2002 : 8). L'implication au travail que plusieurs activités productives et de services requièrent peut rejoindre le besoin de réalisation professionnelle et d'accomplissement personnel des individus. La gestion des compétences tend aujourd'hui à valoriser cette dimension subjective du travail, mais sa reconnaissance par les organisations a souvent pour effet de rendre le salarié captif et de faire de son métier une qualification qui n'a de valeur que localement.

La montée en force des métiers découle donc autant des impératifs organisationnels des entreprises en quête d'une meilleure performance par la réduction des coûts salariaux, tout en misant sur la collaboration des métiers et des services fonctionnels, qu'elle répond à un besoin d'engagement des salariés et à une recherche d'affirmation professionnelle. Si l'insertion des métiers dans la division du travail est fonction de leur contribution à l'atteinte des objectifs des entreprises, les métiers peuvent aussi apparaître comme une défense identitaire archaïque dans des organisations qui bousculent les postes de travail et qui redéfinissent les qualifications par le haut ou comme une recherche d'identité professionnelle et de reconnaissance des compétences que les organisations qualifiantes peuvent valoriser.

Le caractère polysémique de la notion de métier ne facilite donc pas son étude, et son analyse oblige à différencier ses principales dimensions[1]. Au plan micro-social, le métier réfère à une expertise qui repose sur un ensemble de connaissances et de pratiques professionnelles acquises par l'expérience ou à la suite d'une formation évaluée et instituée. Dans certains cas, le métier anime une culture professionnelle qui scelle l'identité des membres, nourrit un ensemble de représentations et fixe les règles de la profession en matière de comportement et de performance à respecter. Au plan méso-social, le métier renvoie à un secteur d'activité ou à une branche professionnelle et implique certaines conditions d'emploi et de rémunération. Au plan macro-social, il marque une appartenance sociale et définit un statut qui peut s'accompagner ou non de privilèges dont ceux de la délimitation d'un champ de pratique, de la définition de responsabilités en matière de formation, de normes et de standards de pratique comme c'est le cas pour certaines professions. Bref, le métier, comme la profession, réfère à une qualification et renvoie à un statut qui prend son sens au sein de la division du travail ou par la fonction qu'il assume au plan social.

C'est la raison pour laquelle les métiers n'échappent pas aux contraintes organisationnelles et sociales et que leur émergence est associée à l'évolution de l'organisation du travail et découle des orientations qui encadrent les stratégies de développement des entreprises et d'identification professionnelle des salariés. Le premier cas de figure présenté ici (Delignières, 2007) montre comment la construction sociale d'un métier dépend de l'action conjointe des salariés et des

---

[1] Ce paragraphe emprunte beaucoup à Dadoy, M., (1989), « *Le retour au métier* », Revue française des Affaires sociales, No. 4, p. 75.

entrepreneurs. La révision de l'organisation du travail et des pratiques des écoutants du secteur de la téléphonie sanitaire et sociale a été l'occasion d'une prise de conscience par les acteurs concernés de la spécificité de leur métier et de la légitimité à revendiquer sa reconnaissance dans le cadre de la politique de valorisation des acquis de l'expérience. L'analyse du travail des conseillers financiers de La Poste effectuée par Piotet (2002) souligne l'ambiguïté d'un nouveau métier défini par une logique commerciale de rendement au détriment d'une logique professionnelle. Cette ambiguïté explique le faible attrait qu'exerce ce nouveau métier sur les employés de l'institution et le caractère éphémère de son exercice pour ceux qui s'y aventurent. Dans une perspective similaire, l'étude de Linhart (2005) du travail des techniciens-conseils des Caisses d'Allocations Familiales démontre que l'émergence d'un nouveau métier qui repose sur l'autonomie et l'initiative se heurte aux normes imposées par une organisation du travail qui est restée essentiellement taylorienne malgré ses transformations. L'opposition entre une logique productive et une logique de service constitue, pour les techniciens-conseils, un facteur de stress qui s'ajoute à celui qui résulte de leur exposition quotidienne à la misère du monde dont, par ailleurs, ils doivent apprendre à se distancier pour se protéger, tout en essayant de la soulager.

1. La téléphonie sanitaire et sociale : la compétence en appui au métier

L'intérêt de l'étude de Delignières (2007) est double : par la méthode utilisée puisqu'il s'agit d'une recherche-action, par l'hypothèse avancée puisqu'elle démontre que le métier peut être le support d'une action collective qui réunit salariés et entrepreneurs autour d'une même revendication. Le terrain d'étude choisi est celui du secteur de la téléphonie sanitaire et sociale qui regroupe un ensemble d'organismes et d'associations composés de salariés, de bénévoles et d'entrepreneurs qui oeuvrent directement auprès de personnes vulnérables ou qui vivent des situations problématiques, mais qui sont difficilement prises en charge par les institutions publiques. L'État supporte un certain nombre de ces organismes dont la qualité des interventions est reconnue et qui interviennent à titre préventif ou palliatif, ordinairement à moindres coûts et souvent avec efficacité.

Jusqu'au dépôt du rapport de l'Inspection générale des affaires sociale (IGAS) en 1998, l'État limitait son action à un appui financier, et les organismes étaient libres d'organiser et de dispenser leurs services comme ils l'entendaient. Malgré l'autonomie dont ils jouissaient et l'absence de contrôle externe de leurs pratiques, ces dispensateurs de service de premier niveau avaient à cœur d'offrir une prestation de qualité qui reposait sur une écoute empathique, mais active, et sur l'accompagnement des personnes en situation de besoin. Or, le rapport de l'IGAS souligne l'ambiguïté de la délégation de responsabilité de l'État dans ce domaine et, sans remettre en cause la pertinence des services offerts, critique la faible efficacité des organismes et relève l'absence de réglementation dans ce champ d'intervention. L'émergence des politiques d'évaluation dans le monde du travail et la volonté de l'État d'encadrer de plus près ce champ de pratique amènent les autorités publiques à concentrer le financement des organisations au sein de l'Institut national de prévention et d'éducation pour la santé (INPÉS). Par ailleurs, les organismes sont invités à délaisser leur ancienne pratique d'écoute empathique, mais peu efficace quantitativement, pour adopter plus modestement une mission d'information et d'orientation des clientèles à risque. Il leur est aussi demandé d'améliorer leur performance en recourant à des méthodes d'écoute qui ont fait leur preuve dans les centres d'appels[1].

---

[1] Sur les méthodes de communication des centres d'appels, voir le chapitre III de la deuxième partie de ce livre.

En préconisant l'usage de techniques d'écoute qui relèvent davantage du télémarketing que de la prestation de service et en leur demandant de standardiser les échanges téléphoniques au nom de l'efficacité quantitative, l'acteur public fait abstraction de la spécificité de la téléphonie sanitaire et sociale. En effet, le travail d'écoute de ses spécialistes de première ligne se caractérise par une mise en confiance des appelants et par une écoute active et interprétative des demandes d'aide qui exigent du temps, de la compassion et du recul. Cette remise en cause radicale, tant des façons de faire des salariés que des modes d'organisation et de fonctionnement des organismes, incite les premiers à envisager leur reconversion professionnelle en misant sur les compétences qu'ils ont développées, et amène les seconds à s'interroger sur la possibilité de régulariser leur champ de pratique.

C'est au cours de ce cheminement critique et stratégique que se situe la recherche action menée par l'auteur auprès d'une quinzaine de ces structures d'accueil téléphoniques qui ont sollicité l'intervention du Centre d'études et de recherches sur les qualifications (CÉREQ). L'auteur soutient que la réalisation de cette recherche « a joué un certain rôle dans la dynamique des acteurs et le développement de leurs stratégies... en tant que catalyseur... d'une dynamique collective » (Delignières, 2007 : 93).

En fait, la demande des commanditaires consistait à inventorier les compétences des salariés dans la perspective de leur retour sur le marché du travail. Malgré la disparité des organisations et la spécificité des problématiques rencontrées sur le terrain qui amenaient les organismes à surenchérir sur leurs différences, les observations du chercheur ont plutôt conduit les écoutants à découvrir les paramètres communs de leurs activités. Cette prise de conscience a eu un effet cristallisant sur les écoutants qui se sentirent appartenir à un même métier malgré leurs différences, et fut à l'origine de l'émergence d'un nouvel acteur. La naissance de cet acteur collectif en tant que regroupement de spécialistes de l'écoute sanitaire et sociale a permis de mettre en évidence le système de valeurs, de normes et de pratiques qui les anime, les guide et les caractérise. Plus qu'un collectif, une profession prenait forme, consciente qu'elle était de la légitimité de sa mission. De nouveaux horizons s'ouvraient donc à son action, et après discussions, il fut convenu d'envisager la création d'une licence professionnelle centrée sur la reconnaissance des compétences en matière d'écoute.

Ainsi, l'action des entrepreneurs et des salariés de l'écoute a eu pour effet de déclencher un processus d'auto-reconnaissance collective de pratiques professionnelles qui apparaissaient disparates au premier abord, et d'établir les bases identitaires d'une nouvelle profession qui peut maintenant s'affirmer comme acteur collectif et prétendre détenir une capacité d'autorégulation sectorielle. C'est donc à travers la reconnaissance de leurs qualifications qu'ils ont défini les paramètres de leur profession, et si pour les entrepreneurs la reconnaissance de celle-ci est le moyen d'assurer le financement de leurs organismes par les pouvoirs publics, elle repose pour les écoutants sur le socle de leur identité professionnelle.

2. Les conseillers financiers de La Poste : un métier ambigu pour un emploi transitoire

Depuis sa séparation d'avec France Télécom, La Poste a procédé à une série de réformes qui vont dans le sens d'un allégement de ses structures organisationnelles, d'une offre de produits mieux calibrés et d'une prestation de service plus personnalisée[1]. Or, le volet financier de La Poste présentait des signes de déclin et sa mise en concurrence directe avec les autres établissements du secteur bancaire obligeait l'institution à redresser la situation. La mission de créer une *chaîne*

---

[1] Sur ces réformes, voir les chapitres III et IV de la deuxième partie de ce livre.

commerciale a donc été confiée à un ancien dirigeant d'une grande banque, et la définition par La Poste d'une nouvelle offre de produits financiers avait pour objectif de repositionner l'établissement par rapport à ses concurrents et de reconquérir, si possible, des parts de marché qu'elle avait perdues. Le coeur de la nouvelle structure commerciale mise en place est occupé par des conseillers financiers dont Piotet (2002) se propose d'analyser le métier à la lueur des règles qui régissent la gestion des ressources humaines à La Poste. Évidemment, l'introduction d'une logique commerciale dans une institution qui a toujours tiré sa fierté du fait de dispenser un service public, en particulier aux couches moins favorisées de la population, ne pouvait se faire sans créer quelques difficultés, et la définition du métier de conseiller financier, symbole de la nouvelle vocation commerciale de La Poste, n'est pas sans présenter certaines ambiguïtés.

Le premier échelon de cette chaîne commerciale est occupé par les guichetiers qui ont maintenant la responsabilité de référer les clients aux conseillers financiers. Ceux-ci sont assistés par des conseillers en biens immobiliers et en gestion du patrimoine et relèvent hiérarchiquement du *receveur* qui est responsable du bureau de poste. Au plan professionnel, les conseillers financiers sont supervisés par un animateur des ventes qui assure la répartition des clients et le suivi des résultats.

Le recrutement des conseillers financiers s'est d'abord effectué auprès des postiers qui pouvaient entrevoir dans cette nouvelle fonction une occasion de promotion, puisque le nouveau métier est positionné à un échelon correspondant au niveau d'agent de maîtrise. Mais, peu de postiers ont répondu à l'appel, ce qui a obligé La Poste à recruter à l'extérieur. Compte tenu des règles de recrutement et de mobilité des employés de l'institution, les nouveaux recrutés ont été embauchés à titre de contractuels, et même s'ils bénéficient de contrats à durée indéterminée, ils n'ont pas accès aux mêmes possibilités de promotion que les employés réguliers. Au moment de l'enquête, La Poste comptait 2425 conseillers financiers dont 18.3 % étaient contractuels. Ce taux est passé à 19.4 % en 1996. Plus jeunes de dix ans en moyenne par rapport aux fonctionnaires (postiers recrutés), les contractuels sont aussi plus scolarisés : 84 % ont un diplôme égal ou supérieur à « bac plus deux », tandis, qu'à l'inverse, 86 % des fonctionnaires ont un diplôme égal ou inférieur au baccalauréat (Piotet, 2002 : 132).

Après leur embauche, tous les employés recrutés reçoivent une formation qui dure deux mois et dont la première partie est consacrée à la présentation de l'institution, de son statut, de sa mission et de ses règles de gestion des ressources humaines. La seconde partie, plus proche du métier, vise à familiariser les futurs conseillers avec les outils informatiques qu'ils auront à utiliser et à leur enseigner comment interpréter les différents indices financiers qui leur seront communiqués. Ils devront aussi pouvoir gérer efficacement leur temps de travail, traiter les dossiers avec diligence, comprendre rapidement la situation financière des clients et leur offrir les produits appropriés. La formation s'attarde surtout à la présentation des produits offerts par La Poste et à la méthode de vente dite « ATP » que les conseillers financiers devront appliquer. Cette méthode consiste en une formalisation de l'activité de vente dont le processus est décomposé en un certain nombre d'étapes. Le suivi méticuleux de la méthode doit théoriquement conduire à un résultat positif, c'est-à-dire au placement d'un produit ou à une transaction financière avantageuse pour l'établissement. Son respect vise à objectiver le plus possible la relation de service au client et à tayloriser le processus de vente pour un résultat assuré.

Aux dires de l'auteure de la recherche, la formation dispensée vise plus à faire des employés recrutés de bons vendeurs soucieux d'atteindre les objectifs qui leur seront assignés que de véritables conseillers financiers capables d'orienter professionnellement les clients et de les guider dans leur prise de décision. Le contenu de la formation refléterait donc la primauté que La Poste accorde à ses objectifs commerciaux au détriment de sa mission de service public, mission à laquelle les postiers se sentent attachés et qui explique le peu d'empressement qu'ils ont manifesté à l'égard des nouveaux postes de conseiller financier qui leur avaient été offerts en priorité.

À l'instar de la formation dispensée qui prépare les conseillers financiers à une prestation de service standardisée, mais efficace, l'organisation du travail s'inspire du modèle taylorien et s'articule à une hiérarchisation bureaucratique des rôles et des fonctions. Les objectifs sont d'abord fixés au plan national pour ensuite descendre la structure organisationnelle jusqu'aux services de proximité, et leur atteinte est assurée par une politique de commissions variables selon les résultats. Malgré la stratégie de l'orientation-client retenue par La Poste, le client ne choisit pas son conseiller financier qui reçoit de la direction une liste de mille clients potentiels, liste qui est abusivement appelée *portefeuille* comme s'il s'agissait d'un ensemble de biens et de valeurs à gérer. En plus de solliciter les clients qui leur sont assignés, les conseillers financiers doivent aussi gérer les campagnes de promotion lancées par l'établissement et pour lesquelles ils reçoivent d'autres listes de clients à contacter. Pour La Poste, le client semble être un consommateur aux besoins financiers illimités, et les méthodes de sollicitation imposées aux conseillers financiers doivent suffire à atteindre les objectifs fixés.

En dépit du caractère hiérarchique de l'organisation et de la concentration de ses pouvoirs, l'institution sanctionne peu et mise davantage sur son système de commissions pour stimuler les ventes et atteindre ses objectifs. En effet, les entretiens effectués auprès des conseillers financiers témoignent de l'efficacité du système de stimulation des ventes, et si les résultats ne sont pas à la hauteur des objectifs, l'animateur aux ventes intervient pour activer les conseillers, vérifier leurs méthodes de travail, les conseiller au besoin et les accompagner, si nécessaire, dans leurs efforts de vente. De plus, plusieurs conseillers financiers affirment investir dans leur travail au-delà du raisonnable, ce que les guichetiers confirment en déclarant ne pas regretter leur décision d'avoir refusé l'offre de promotion qui leur avait été présentée. Même si le statut des conseillers financiers est d'un grade supérieur à celui des guichetiers, leur situation ne suscite pas l'envie, et les guichetiers continuent toujours de symboliser la mission de service public de La Poste aux yeux des clients et des autres employés.

La focalisation des énergies sur les objectifs à atteindre est responsable du stress que vivent les conseillers financiers et explique en bonne partie la rotation élevée du personnel qui était de l'ordre de 18.5 % au moment de l'enquête. Même si en principe les conseillers financiers doivent rester en poste pendant trois ans avant d'envisager une mobilité, La Poste confirme que la durée moyenne d'occupation d'un poste de conseiller financier est de deux ans. À cette première explication, l'auteure ajoute les effets des stratégies de carrière des employés. Pour les conseillers financiers issus des rangs, leur nouvelle fonction représente une montée en grade et le fait qu'ils aient conservé leur statut de fonctionnaire leur garantit des possibilités de promotion au sein de l'institution et de la fonction publique. À l'inverse, et même s'ils sont plus scolarisés, les conseillers financiers contractuels n'ont pas accès à ces mêmes voies de promotion et ont donc intérêt à revendiquer une identité de métier qui leur ouvre les portes des marchés externes. En effet, c'est en visant l'ensemble du marché de l'emploi du secteur bancaire qu'ils peuvent faire valoir leur qualification et espérer une progression de carrière puisque le marché interne de La Poste leur est fermé par les règles qui régissent l'embauche et la mobilité du personnel.

En somme, l'activité financière de La Poste s'inscrit dans une organisation du travail de type taylorien caractérisée par une structure hiérarchique bureaucratique au sein de laquelle la relation de service des conseillers financiers est subordonnée aux objectifs de l'institution. Cette relation, que la direction souhaite strictement commerciale, est même formatée par des règles normatives qui réduisent les marges d'autonomie des conseillers financiers dont les performances, par ailleurs, sont mesurées et chiffrées. Le stress engendré par leur activité et la faible considération dont ils sont l'objet incitent les conseillers financiers qui bénéficient du statut de fonctionnaires à poursuivre leur carrière en misant sur une logique de grades et à déployer une stratégie de mobilité interne, alors que les conseillers contractuels optent pour une logique de titres et une stratégie de mobilité externe en misant sur le métier qu'ils ont acquis.

3. Les techniciens-conseils des Caisses d'Allocations Familiales : l'émergence d'un métier contraint

La transformation de l'organisation du travail des Caisses d'Allocations Familiales inspirée des nouvelles approches managériales et de la satisfaction des clients a fait évoluer le travail des techniciens-conseils vers un nouveau métier moins taylorisé, plus autonome et plus polyvalent. Mais, l'émergence de ce métier se heurte, selon Linhart (2005), aux contraintes d'une organisation du travail qui est demeurée essentiellement taylorienne, malgré ses transformations, et au sein de laquelle la performance des techniciens-conseils se mesure au nombre de dossiers traités plutôt qu'à la pertinence des solutions proposées aux bénéficiaires. À ces contraintes organisationnelles s'ajoute la charge mentale de leur travail, lequel consiste à gérer *la misère du monde* sans pouvoir apporter aux familles en difficulté toute l'aide que leur situation requiert.

Contrairement à l'ancienne division du travail qui séparait les agents en différentes spécialités (accueil, liquidation, dossiers complexes, contentieux), la nouvelle organisation du travail s'inspire d'une approche globale qui exige des techniciens-conseils une plus grande polyvalence, puisqu'ils doivent maintenant traiter l'entièreté des demandes d'aide qui leur sont présentées. Le travail des agents, qui auparavant se faisait à distance des bénéficiaires et qui consistait à interpréter les informations inscrites aux dossiers à la lueur de la législation et de ses règles, se fait maintenant en temps réel et en présence des demandeurs, sauf pour les cas plus complexes qui exigent une expertise plus poussée. Même si la dimension technique et opérationnelle de leur activité demeure et que l'on exige des techniciens-conseils de liquider efficacement, c'est-à-dire rapidement, les demandes d'aide, ils se sentent maintenant plus responsables du sort des personnes qu'ils desservent. Parce qu'ils sont plus directement confrontés aux difficultés des familles, ils sont aussi plus conscients de la dimension sociale de leur travail et des effets de leurs décisions sur la situation des familles, ce qui influe directement sur la charge mentale de leur travail. En transformant l'organisation du travail, c'est donc le métier des techniciens-conseils qui a changé : de gestionnaires de dossiers à distance appliquant des règles strictes d'allocation, il a évolué vers une prise en charge directe des besoins financiers des personnes en difficulté, ce qui met en cause leur sens des responsabilités et les expose quotidiennement à la misère humaine. Mais, l'orientation qui encadre la nouvelle organisation du travail et la mobilisation des compétences qu'elle requiert tient-elle ses promesses d'un meilleur service aux allocataires et d'une professionnalisation accrue du métier des techniciens-conseils compte tenu des objectifs de résultat qui sont fixés et des temps alloués au traitement des demandes ?

Plus polyvalents parce qu'ils traitent toutes les prestations qu'un allocataire est en droit de recevoir (prestation pour parent isolé et pour personne handicapée, allocations familiales, prénatales, de logement, etc.), le travail des techniciens-conseils est plus complexe et plus exigeant. Responsables de plusieurs centaines de dossiers, les techniciens-conseils doivent connaître les 23 types d'allocations disponibles et les 1500 conditions de leur attribution, et ils sont tenus de répondre aux demandeurs d'aide dans un délai inférieur aux 21 jours prescrits par les autorités au nom de l'efficacité et de la satisfaction des clients. Pour ce faire, les techniciens-conseils bénéficient d'outils informatiques qui conservent en mémoire toutes les informations cumulées sur les allocataires, ce qui leur permet d'accélérer le traitement des demandes et d'informer immédiatement les allocataires sur les prestations qu'ils sont en droit de recevoir en vertu de la réglementation. S'ils constituent un appui à la prise de décision et permettent aux techniciens-conseils d'avoir une vision globale et instantanée de la situation des allocataires, c'est aussi à un affichage constant de la misère humaine qu'ils exposent les techniciens-conseils, d'où leur sentiment de responsabilité. Il ne s'agit donc plus de traiter à distance des dossiers dans l'anonymat des règles, mais de constituer un barrage bien fragile à la pauvreté, ce qui implique personnellement les techniciens-conseils. En passant du virtuel à distance au réel immédiat, c'est donc la dimension sociale de leur travail qui s'affirme et qui assimile leur activité à celle de la relation d'aide.

Le déploiement de cette dimension sociale du travail des techniciens-conseils demande du temps et peut apparaître contre-productif aux yeux du management soucieux d'atteindre les objectifs qui lui sont assignés. L'enjeu de la nouvelle profession des techniciens-conseils réside donc dans le dilemme auquel ils sont confrontés entre une prestation de service diligente et effectuée en fonction d'objectifs quantitatifs à atteindre, mais qui ne reconnaît peut-être pas tous les droits des allocataires, et une prestation de qualité qui prend le temps d'explorer les différentes options auxquelles les situations particulières des demandeurs donnent droit et dont la prise en compte serait profitable aux allocataires. Or, les temps attribués au traitement des demandes sont comptés et le travail des techniciens-conseils fait l'objet de différentes mesures quantitatives qui semblent incompatibles avec les objectifs de qualité et de personnalisation du service que les Caisses d'Allocations Familiales affirment poursuivre.

De plus, ce temps prend un sens différent selon les membres de la triade concernés par la relation de service. Si pour la direction, le temps est normé et découle des balises nationales et des objectifs à atteindre, il est pour le demandeur d'aide un temps d'écoute qui lui permet d'exposer sa situation et de faire connaître ses besoins, alors que pour le technicien-conseil il est un temps de travail consacré à l'interprétation des informations qu'il reçoit et au montage d'une réponse qui peut satisfaire le bénéficiaire et respecter le droit. Si les autres membres de la triade prétendent s'approprier son temps de travail pour le normaliser dans un cas et en profiter dans l'autre, il revient au technicien-conseil de gérer ces pressions potentiellement contradictoires et de dénouer les nœuds de la relation de service pour trouver une voie de sortie entre une prestation personnalisée et diligente et une prestation à la course pour satisfaire les exigences d'efficacité.

Confrontés quotidiennement au défilé de la misère, les techniciens-conseils sont toujours seuls à lutter contre la montre et à parer au plus pressé. Ils ont le sentiment d'être le dernier rempart contre la montée de la pauvreté et sont bien conscients des limites des solutions qu'ils conçoivent dans les mailles de la réglementation. Même si certains adoptent une attitude de froideur et gardent leur distance à l'égard de la misère qu'ils côtoient, et que d'autres se retranchent derrière la technicité de leur métier ou carburent aux performances chiffrées, il n'en demeure pas moins que la fréquentation assidue de la misère laisse des traces et affecte le moral des techniciens-conseils. Comme il est fréquent de le rencontrer dans les métiers d'aide à la personne, le travail des techniciens-conseils peut constituer une épreuve psychologique dont il est difficile de se mettre à l'abri. Plusieurs se sentent coupables de ne pas pouvoir faire plus à cause de la réglementation et transforment leur souffrance en pression sur eux-mêmes, ce qui les lance dans une suractivité et une fuite dans le travail. Ils peuvent jouer aussi la carte de la compétence et du métier en partageant les informations, en diffusant les solutions trouvées aux cas les plus complexes et en faisant appel aux connaissances des uns et des autres. L'investissement dans le métier demeure donc leur plus fidèle allié dans leur lutte contre la souffrance des autres et contre la douleur qu'ils éprouvent à ne pas pouvoir la soulager convenablement. Le collectif de travail devient alors leur ultime refuge contre le sentiment d'impuissance qui les habite, tout en leur offrant la possibilité de pondérer leur implication au travail eu égard aux moyens mis à leur disposition.

L'analyse du travail des techniciens-conseils effectuée par Linhart illustre bien la difficulté de concilier l'exercice d'un métier qui requiert de l'empathie, de l'initiative et un certain savoir-faire social pour traiter globalement et rapidement des demandes d'aide qui peuvent s'avérer complexes avec un environnement technique, juridique et organisationnel qui délimite le champ de l'activité et impose des normes de productivité. Si les outils informatiques accélèrent le traitement des demandes et la prise de décision et qu'ils représentent, avec la formation que les nouveaux agents reçoivent, un investissement qui va dans le sens de la professionnalisation du travail des techniciens-conseils, ils constituent également des outils potentiels de contrôle par l'enregistrement automatique des opérations et par la possibilité de visualiser à tout moment le cheminement des demandes. Enfin, la prescription des temps selon une logique commerciale d'efficacité s'oppose au temps réel du traitement global des demandes d'aide, et la course aux résultats quantifiables impulsée par une organisation du travail quasi-taylorienne cantonne le travail des techniciens-conseils dans les limites d'une rationalité productive qui s'accommode mal d'une prestation professionnelle de service personnalisée.

Conclusion

Dans le but de rapprocher les organisations des marchés et de présenter aux clients une offre de produits et de service de qualité, la logique compétence et l'orientation-client appellent à la mobilisation des qualifications et des savoir-faire. Les combinaisons des compétences définissent alors de nouveaux métiers maison dont il revient à l'employeur d'en fixer les paramètres comte tenu de ses choix organisationnels. Le recours aux métiers, dont la littérature fait largement état, vise donc à harmoniser les qualifications requises de la part des salariés à l'évolution des entreprises. Elles y parviennent par une prescription du travail et de ses modes opératoires en fonction des objectifs à atteindre. Dans ce contexte, la mobilisation des salariés, qui suppose aussi leur implication, peut rendre impossible la création des ancrages identitaires nécessaires à l'émergence des métiers. En effet, pour vivre et progresser, les métiers doivent être en mesure de s'aménager des zones de liberté et pouvoir négocier leur place au sein de la division du travail. Parce que leur positionnement au sein des organisations dépend des rapports sociaux qui y règnent et de la relation salariale qui fixe les paramètres de l'autonomie, de la contrainte, de l'initiative et de la subordination, les métiers sont essentiellement des construits sociaux. Ils résultent, en fait, des jeux des acteurs tant sur le plan de la division du travail qu'au niveau de la société, et ils tirent leur légitimité des qualifications qu'ils peuvent faire valoir et de leur capacité à s'auto-réguler. C'est la raison pour laquelle leurs configurations sont nombreuses, et que leur montée en puissance correspond à des tendances diverses et parfois contradictoires, comme les recherches présentées dans ce chapitre l'ont illustré.

TROISIÈME PARTIE
QUATRE ASPECTS DE
LA TRANSFORMATION DU TRAVAIL

II
Autonomie et contrôle

Introduction

L'automatisation de la production et l'informatisation des processus de travail tendent à déplacer les enjeux de la productivité des organisations vers la régulation des processus opératoires. Par exemple, la productivité du travail industriel dépend de plus en plus du taux d'utilisation des systèmes techniques et de la réduction des pannes compte tenu des coûts élevés des installations. Les entreprises misent en conséquence sur leurs capacités à résoudre rapidement les incidents et sur une coordination plus efficiente de leurs services de maintenance. L'amélioration des performances productives repose donc sur les compétences cognitives et relationnelles des employés, et leur concéder de plus grandes marges d'initiatives est devenu un impératif technique et une solution financièrement avantageuse pour les entreprises. Une évolution comparable est observée dans les établissements de service et les entreprises commerciales, pour lesquels les exigences variables de la clientèle et l'évolution des goûts des consommateurs commandent une plus grande diversité des produits et une meilleure qualité des services. Or, qualité et diversité des produits et des services ne peuvent être obtenues que par des organisations plus flexibles et en recourant à des employés plus polyvalents et autonomes. Enfin, les taux de rendement imposés aux entreprises par des actionnaires, d'autant plus gourmands qu'ils sont éloignés des lieux de production, accentuent les pressions sur les entreprises qui doivent alléger leurs structures organisationnelles et augmenter leur productivité. L'atteinte de ces objectifs passe par un transfert de responsabilités aux salariés que l'autonomie qui leur est octroyée leur permet précisément d'assumer. Accorder aux salariés des zones de liberté élargies est donc une stratégie organisationnelle garante de leur engagement au travail, du développement de leur sens des responsabilités et de l'atteinte des rendements attendus.

En contrepartie, si l'autonomie enrichit le travail par les responsabilités qui lui sont ajoutées, elle est aussi un moyen de gestion de la main-d'œuvre et un instrument de contrôle par l'individualisation des tâches et l'évaluation des rendements qu'elle induit. Elle prend alors la forme d'une autonomie contrôlée. Autonomie et contrôle ne s'opposent donc pas, mais font plutôt bon ménage dans plusieurs formes d'organisation du travail. L'autonomie couvre donc des réalités multiples et prend des formes différentes qu'il convient de différencier. Elle varie de l'autonomie contrôlée à l'autonomie conquise par les salariés contre les règles patronales et les prescriptions, en passant par des formes intermédiaires dont celles de l'autonomie complémentaire et de l'autonomie de recomposition.

L'autonomie est octroyée quand elle tend à faciliter aux employés le respect des modes opératoires et l'atteinte des niveaux de performance souhaités et qu'elle contribue à assurer à l'organisation l'efficience nécessaire à l'atteinte de ses objectifs. Elle prévoit alors les marges de manœuvre requises aux salariés pour s'adapter aux contraintes techniques des systèmes productifs et ouvre aux services de soutien à la production les voies d'une collaboration horizontale plus efficiente. À l'inverse, l'autonomie conquise émane plus ou moins clandestinement de l'action des travailleurs qui s'opposent aux règles de la hiérarchie et dérogent aux prescriptions de rythme ou de délais imposées par les directions. Cette autonomie conquérante met en œuvre des règles différentes et des savoirs distincts de ceux définis par les services des méthodes afin de réaliser les tâches prescrites plus efficacement et avec une dépense moindre d'énergie. Elle vise aussi à promouvoir la rationalité des travailleurs à l'encontre de celle de l'entreprise et à délimiter les champs d'intervention des employés et de la hiérarchie. Si la sociologie de l'organisation réfère davantage à l'autonomie déléguée à l'occasion d'une décentralisation des opérations et du pouvoir de décision, les études en sociologie du travail insistent plutôt sur l'autonomie conquise par les salariés qui, en misant sur leurs qualifications professionnelles et leurs capacités de régulation autonome, affirment leur contrôle sur la production.

L'autonomie conquérante est moins pertinente dans les nouvelles formes d'organisation du travail qui sollicitent l'initiative et le sens des responsabilités des salariés plutôt qu'elles ne s'y opposent comme c'est encore le cas dans les organisations tayloriennes. La substitution dans certaines entreprises du contrôle opérationnel de type taylorien par un contrôle global portant sur l'atteinte des objectifs a pour effet d'assouplir les prescriptions et de laisser aux opérateurs des marges de manœuvre plus grandes. La régulation autonome complète alors la régulation de contrôle plus qu'elle ne s'y oppose. Cette forme complémentaire de l'autonomie favorise la prise d'initiative et permet de contrer les aléas de la production, de rattraper les retards provoqués par les pannes et de satisfaire les exigences de la demande, même au prix d'un investissement supplémentaire et d'une surcharge ponctuelle de travail.

Au moment où s'allègent les structures hiérarchiques et que la demande des clients remonte la chaîne de la production, les contraintes se diffusent dans l'organisation et engendrent une dépendance réciproque des actions et des fonctions. L'autonomie de recomposition (Valeyre, 1999) remplace alors l'autonomie conquise et s'inscrit dans une dynamique d'ajustement réciproque des acteurs et des services. Cette dynamique d'adaptation a pour effet de redéfinir les tâches en fonction des ressources disponibles et de recomposer les opérations en tenant compte des capacités individuelles et collectives des producteurs. Elle est aussi créatrice parce qu'elle est susceptible de cristalliser les nouvelles pratiques qu'elle met en œuvre en de nouvelles règles de coopération qui font alors de l'autonomie de recomposition une force de régulation. Mais, cela n'est possible qu'à la condition d'un desserrement des contraintes temporelles et des contrôles hiérarchiques.

Dans le cas contraire, l'autonomie se retourne contre les acteurs et se transforme en une forme d'autonomie contrôlée dans laquelle les contraintes organisationnelles s'imposent avec force. Souvent s'y ajoutent des situations de précarité qui affaiblissent les positions des salariés et de leurs représentants et figent les différents groupes dans des antagonismes. La pression des marchés et les craintes de rationalisation ajoutées au cumul des contraintes internes et à la crainte du chômage surplombent alors les mécanismes de régulation et transforment l'action autonome en coopération forcée ou en engagement contraint.

L'autonomie contrôlée présente aussi une dimension macro-sociale en ce sens qu'elle ne concerne pas uniquement les individus ou les groupes, mais qu'elle caractérise aussi les organisations au sein de réseaux d'entreprises dont les échanges ne sont pas toujours égalitaires. L'externalisation des fonctions ou des services et les pratiques de sous-traitance auxquelles les entreprises recourent de plus en plus souvent sont à l'origine de la formation de réseaux d'organisations satellites qui gravitent autour d'une entreprise-centre. Les entreprises périphériques et leurs salariés se retrouvent alors dans des situations d'autonomie contrôlée découlant du lien de dépendance qui les relient à l'entreprise donneuse d'ordres.

L'objet de ce chapitre est donc de mettre en perspective les différentes formes d'autonomie au travail en passant de l'autonomie contrôlée à l'autonomie oppositionnelle, sans négliger les variantes intermédiaires que sont l'autonomie complémentaire et l'autonomie de recomposition. Les recherches présentées ici et qui portent sur ces trois dernières formes d'autonomie sont menées sous l'angle de la théorie de la régulation sociale, tandis que l'autonomie contrôlée est abordée d'un point de vue critique qui s'inspire de l'approche marxiste réactualisée par la sociologie du travail anglo-saxonne. Celle-ci met en relation l'évolution du processus de travail avec les déterminants macro-sociaux qui, au plan structurel, façonnent le nouvel environnement du capitalisme financier. La décentralisation des unités organisationnelles et la concentration du pouvoir décisionnel dans des lieux souvent éloignés de la production, la prescription en cascade des modes opératoires et la fragilisation du lien salarial, l'individualisation des tâches et les modes d'évaluation des performances individuelles, sont des pratiques organisationnelles associées à l'autonomie contrôlée.

1. L'autonomie conquise dans une centrale nucléaire

C'est en référant à la théorie de la régulation sociale de Reynaud que Koleva (2007) reprend une étude menée sous la direction de Claude Durand et financée par la Communauté européenne en 1994-1996 sur les « implantations occidentales et la gestion de la main-d'œuvre » en Pologne, en Allemagne de l'Est et en Bulgarie. L'étude de Koleva souhaite vérifier la pertinence de la régulation autonome des acteurs dans un contexte de travail à très forte régulation de contrôle, puisqu'il s'agit de la conduite d'une centrale nucléaire. Koleva définit l'autonomie comme étant la capacité des acteurs à définir eux-mêmes les règles qu'ils entendent respecter dans l'exercice de leur fonction. Théoriquement, l'autonomie suppose un cadre normatif et une dynamique des rapports sociaux qui permettent différents modes d'adaptation des acteurs à la régulation de contrôle. Qu'en est-il donc de la régulation autonome des acteurs dans un secteur où les risques pour les employés et la direction sont considérables et où les règles de sûreté tendent hypothétiquement à fusionner, sinon à rapprocher, les régulations autonome et de contrôle ?

La présentation qui est faite ici de l'étude de Koleva se limite à la réaction des ingénieurs bulgares à l'intervention des experts de l'EDF mandatés par la Communauté européenne. Ceux-ci devaient inspecter et mettre à niveau le matériel et les équipements de la centrale et revoir les procédures de maintenance et les modes de gestion afin que son fonctionnement soit conforme aux règles et standards des centrales européennes. La centrale de Kozloduy est donc passée d'un mode de production à prescriptions floues, héritage de la période soviétique, à une organisation assujettie aux règles strictes de l'ISO 9000. Ces règles visent à formaliser les procédures, à planifier minutieusement les postes de travail et les gammes de conduite, à préciser les plans d'urgence et à définir rigoureusement les méthodes d'analyse des incidents. Elles ont pour objectif de réduire au maximum les zones d'incertitude caractéristiques du fonctionnement de la centrale sous le règne soviétique, zones d'incertitude qui avaient permis aux ingénieurs bulgares de développer leurs compétences et d'acquérir une large autonomie professionnelle à l'égard de la direction. L'intervention européenne a donc eu pour effet de réduire cette marge d'autonomie et de mettre entre parenthèses l'héritage professionnel laborieusement construit par les ingénieurs bulgares pendant la période soviétique.

Il n'est donc pas étonnant de constater, aux dires des experts de l'EDF, que les ingénieurs bulgares ne se sont pas empressés d'appliquer les nouvelles normes de sûreté et de qualité, et qu'après quatre ou cinq ans d'intervention, la normalisation des procédures laissait encore à désirer. Plusieurs suggestions des experts de l'EDF n'ont pas eu de suite et l'application de certaines recommandations a été reportée à plus tard. Même leurs tentatives de participer à l'analyse des incidents sur le réseau électrique ont échoué.

Au-delà de l'imposition d'un contrôle externe et d'une connaissance relative de la technologie soviétique par les experts de l'EDF, Koleva explique la résistance des ingénieurs bulgares à l'encontre de la standardisation des processus de production et de la formalisation poussée des procédures de sûreté par leur volonté d'affirmer leur savoir-faire technique et de protéger ce qu'ils considèrent être leur champ de compétence. Si, à l'époque soviétique, l'autonomie des ingénieurs bulgares se manifestait de façon plus offensive et visait à conquérir de nouveaux espaces professionnels, elle prend à l'occasion de l'intervention des experts de l'EDF une forme plus défensive qui vise à protéger leur patrimoine professionnel contre une réglementation jugée trop envahissante et dévalorisante.

La singularité de la dynamique organisationnelle de la centrale de Kozloduy réside donc dans le fait que les régulations autonome et de contrôle cohabitent parallèlement sans se rejoindre. Autant sous le règne soviétique que lors de l'intervention occidentale, les deux formes de régulation semblent réfractaires à un rapprochement à l'issue duquel s'établiraient de nouvelles règles de compromis mutuellement acceptables.

2. L'autonomie complémentaire dans les secteurs de la chimie et de l'édition

Ordinairement, l'univers organisationnel et l'obligation de résultat incitent les acteurs à développer des stratégies de compromis qui permettent une harmonisation de leurs objectifs sans que leur rationalité soit compromise. L'encadrement cherche à faire accepter aux employés l'obligation de production et le respect des contraintes extérieures sur lesquelles les acteurs internes ont peu de prise, tandis que les exécutants tentent de protéger leur sphère d'autonomie en faisant valoir des façons de faire originales, souvent plus efficaces et moins dévoreuses d'énergie que celles préconisées par l'encadrement. La régulation autonome des salariés s'active alors à la mise en œuvre de moyens pour atteindre les objectifs de production qu'ils considèrent raisonnables dans les circonstances, et la régulation de contrôle, y trouvant son compte, desserre les contraintes et concède aux exécutants les marges de manœuvre suffisantes à l'actualisation de leurs savoir-faire. Dans cette perspective, la régulation autonome des exécutants n'est pas indépendante de la régulation de contrôle de l'encadrement et celle-ci ne vise pas à faire des employés des victimes de la domination ou des automates de la production. Il s'agit d'efforts complémentaires d'acteurs autonomes afin de livrer à temps un produit ou un service de qualité conformément aux exigences de la clientèle et aux standards convenus. Les règles autonomes ne forment pas un système qui s'oppose à celui des règles formelles, mais elles constituent plutôt un ensemble de procédures et de façons de faire complémentaires à celles préconisées par l'encadrement (De Terssac, 1992).

C'est à la validation de cette thèse que les deux recherches suivantes s'attardent. De Terssac et ses collaborateurs démontrent que l'interaction constructive qui existe lors de l'affrontement et du dépassement des systèmes de règles dans un contexte d'obligation de résultat contribue à la reconnaissance mutuelle des acteurs et à l'affirmation de leur rôle respectif. La première recherche porte sur le travail de saisie de données par ordinateur, tandis que la deuxième analyse le travail de surveillance dans l'industrie de la chimie.

Dans un important journal régional français, Chabaud et De Terssac (1987) constatent que les clavistes chargés de la saisie des textes accélèrent leur rythme de travail à la suite d'incidents susceptibles de compromettre la sortie du journal à temps. L'action des clavistes témoigne à la fois de leur conscience professionnelle et de leur rationalité, et la régulation autonome qu'ils manifestent ne s'oppose pas à celle de la direction. Au contraire, en intégrant l'obligation de résultat, la régulation complémentaire des clavistes supplée aux lacunes organisationnelles et protège les emplois.

Une situation comparable est observée chez les surveillants des processus automatisés de la production dans l'industrie de la chimie (De Terssac et alii, 1983, 1985). Durant les quarts de nuit, les contrôleurs développent des stratégies compensatoires pour contrer les effets des rythmes biologiques qui tendent à réduire leurs activités. En effet, l'étude de 38 incidents révèle une hausse considérable des prises d'informations visuelles sur les panneaux de contrôle quand les incidents surviennent la nuit. Cette hausse est de l'ordre de 320 % par rapport à des augmentations de 75 % en matinée et de seulement 8 % en après-midi.

Ces deux résultats démontrent que l'appropriation par les salariés de l'obligation de production entraîne des stratégies différenciées de contrôle des processus productifs et des investissements compensatoires lors d'incidents. Ces actions visent à suppléer aux lacunes organisationnelles plutôt qu'à combattre l'encadrement et affirment l'autonomie complémentaire des employés par rapport à une hiérarchie qui, tout en étant préoccupée de résultats, valorise leur mobilisation volontaire.

3. L'autonomie de recomposition dans l'industrie de l'aéronautique

L'autonomie d'opposition que les salariés affirment face à la hiérarchie, et l'autonomie complémentaire qui bénéficie de l'accord tacite ou explicite de l'encadrement sont parfaitement appréhendées par la notion de la régulation autonome définie par Reynaud (1997). Poussées à leurs limites, ces deux formes d'autonomie sont susceptibles de redéfinir les modes opératoires, de jouer avec les délais et de revoir les frontières des activités respectives des employés et de la direction. Mais, elles s'affirment toujours dans un cadre hétéronome qui s'impose aux travailleurs et qui définit les objectifs à atteindre. L'organisation du travail précise également les standards de qualité et de quantité à respecter et prescrit les rythmes, les délais et les gammes à suivre.

L'étude monographique de Valeyre (1999) souligne l'émergence d'une nouvelle forme d'autonomie qui pousse plus loin la dimension complémentaire des actions. L'autonomie qu'il qualifie de recomposition assure aux salariés une meilleure maîtrise sur les zones d'interdépendance qui se créent de plus en plus entre la production, l'entretien et les services des méthodes. Le développement de cette nouvelle forme d'autonomie est possible dans des secteurs d'activités à forte qualification professionnelle et où les salariés possèdent déjà une tradition d'autonomie et une culture de partage de l'expertise. C'est le cas notamment de certaines unités de montage comportant de longues séries d'opérations comme on peut en observer dans le secteur de l'aéronautique. L'émergence de l'autonomie de recomposition est donc associée au contenu cognitif du travail et prend sa source dans l'allègement des structures hiérarchiques et fonctionnelles et du transfert correspondant de responsabilités qui favorise les échanges et le développement des expertises. Elle ne consiste donc pas à un simple élargissement des zones d'autonomie mais se rapproche plutôt de l'enrichissement des espaces professionnels. Elle se caractérise surtout par la possibilité de transformer le cadre hétéronome du travail en une nouvelle dynamique valorisant les compétences et la coopération constructive grâce au jeu des interactions entre les acteurs. Cela se réalise, par exemple, dans l'industrie aéronautique à l'occasion du traitement des problèmes de flux productifs où les règles autonomes des monteurs et les règles de contrôle des techniciens des méthodes entrent en interaction positive pour améliorer les modes opératoires. L'interaction des acteurs dépasse alors l'opposition ou la simple complémentarité des règles autonomes et de contrôle pour passer à un niveau supérieur de recomposition de nouvelles règles et atteindre la forme d'autonomie-coopération définie par Zarifian (1999).

Dans l'entreprise aéronautique étudiée par Valeyre, les premiers changements organisationnels visaient à réduire le temps des cycles de production et à resserrer les délais d'acheminement des pièces, principal problème de la régulation des flux de production dans ce type d'industrie. La direction souhaitait aussi alléger les structures hiérarchiques et améliorer la coordination des services de soutien en éliminant les agents de maîtrise et en transférant de nouvelles responsabilités aux monteurs. Les fonctions de gestion de la production, de contrôle de la qualité et de l'approvisionnement en pièces et produits ont été ajoutées aux tâches traditionnelles des monteurs, dont le regroupement a permis la formation de véritables équipes autonomes de travail. Le traitement des dysfonctionnements et la recherche de solution aux lacunes organisationnelles relèvent maintenant des équipes de travail et leurs compétences sont sollicitées afin d'améliorer les flux de production.

L'observation du travail d'une équipe autonome démontre que celle-ci a développé plusieurs formes d'autonomie, dont l'autonomie de recomposition. En premier lieu, *l'autonomie-indépendance* se manifeste par l'application souple des modes opératoires et par la façon dont l'équipe de travail intervient dans le traitement des dysfonctionnements. L'équipe exerce également une *autonomie-influence* en participant à l'élaboration de nouveaux modes opératoires avec les techniciens du service des méthodes. Mais, c'est surtout à l'occasion du traitement des problèmes de flux de production que la régulation autonome de l'équipe passe à la forme coopératrice et se transforme en une *régulation de recomposition*. Celle-ci vise alors à établir de nouvelles règles de fonctionnement et de collaboration avec les techniciens des méthodes.

Le fondement de cette autonomie de recomposition réside dans le développement de nouveaux savoirs par les monteurs et dans leur appropriation des contraintes organisationnelles et des objectifs de l'entreprise. Elle se manifeste particulièrement par le rôle actif que les monteurs jouent à l'occasion d'événements perturbateurs et par leur capacité à faire face aux incidents et à entrer en communication directement avec les responsables sans s'en remettre passivement à la hiérarchie et aux agents des méthodes. Les règles autonomes qu'ils ont développées ne se manifestent plus uniquement par des comportements d'opposition ou par des actions compensatrices, mais favorisent plutôt de nouveaux rapports d'échange réciproque et de nouvelles occasions d'apprentissage croisé avec les techniciens des méthodes. L'autonomie de recomposition qui s'est progressivement mise en place permet aux monteurs de faire valoir leurs compétences et de faire reconnaître leur participation à la chaîne des interdépendances qui caractérise le système social de production dans lequel ils sont engagés.

4. L'autonomie contrôlée dans l'industrie nucléaire

C'est à un double renversement des perspectives que les études de Appay (2005) nous convient. L'objet d'analyse choisi est moins la dynamique interne des acteurs que les relations inter-entreprises, et l'angle macro-social retenu oblige à abandonner la théorie de la régulation conjointe pour adopter une approche plus globale centrée sur les rapports entre les processus de travail et les stratégies d'expansion des entreprises. Le concept d'autonomie contrôlée mis de l'avant par l'auteur réfère essentiellement à la concentration de la propriété et du pouvoir organisationnel associée à l'atomisation des unités organisationnelles, cette dernière étant impulsée par les stratégies d'externalisation des entreprises. Les réseaux organisationnels ainsi formés sont stratégiquement structurés en fonction des intérêts de l'entreprise donneuse d'ordres. Les règles qui président à la mise en forme de l'autonomie contrôlée visent alors à donner de la cohésion au système-réseau et de la cohérence aux échanges entre les entreprises membres et l'entreprise-mère. L'atomisation des unités organisationnelles engendrée par les transferts de responsabilités hors de l'entreprise-centre et la formation d'entreprises autonomes mais dépendantes a pour effet de fragmenter la production et de diviser les salariés en sous-catégories tout en fragilisant les liens d'emploi. Ces stratégies organisationnelles permettent également de contourner les contre-pouvoirs qui se constituent au sein de l'entreprise et contribuent à affaiblir les syndicats, tout en laissant les salariés du bas de la cascade des sous-traitants sans possibilité de se faire entendre ou d'agir collectivement.

L'étude de l'industrie nucléaire menée par Appay décrit cette atomisation de la production causée par une stratégie d'externalisation en cascade sur le site même des centrales. Cette stratégie a aussi pour effet de fragiliser les rapports salariaux au sein des centrales et de fragmenter la main-d'œuvre en sous-catégories dévalorisées. Cette double stratégie découle en fait d'une politique nationale visant à rendre concurrentielle l'industrie de l'énergie nucléaire française.

Les centrales ont donc automatisé certaines opérations et ont abandonné leur ancien modèle pyramidal d'organisation pour adopter une forme plus décentralisée au sein de laquelle des *chargés d'affaires spécialisés* sont responsables de certaines installations ou de fonctions productives. Elles ont ensuite offert à des entreprises sous-traitantes des opérations qu'elles pouvaient décentraliser sans trop compromettre la sûreté des installations et la sécurité des employés.

Au début, l'externalisation a consisté en de simples transferts d'activités périphériques, comme les tâches de nettoyage et d'entretien, mais a progressivement visé des tâches plus qualifiées au cœur même des installations. Ainsi, des employés d'entreprises externes côtoient des travailleurs des centrales, mais sans appartenir aux mêmes catégories d'emplois, ni relever des mêmes autorités. Une nouvelle division sociale du travail a donc pris forme qui différencie les salariés des centrales des employés des entreprises sous-traitantes. Comparativement aux travailleurs qualifiés, valorisés et protégés des centrales, les salariés des entreprises sous-traitantes sont, en effet, cantonnés dans des emplois subalternes, peu reconnus et mal payés. Leur situation de travail est aussi fragile que leur emploi est précaire et, parce qu'ils se déplacent régulièrement d'un site à un autre, leur syndicalisation est difficile. Bref, ces salariés sont victimes d'une double instabilité : leur statut d'emploi d'intérimaire les défavorise et le lien commercial dépendant de leur entreprise à l'égard de la centrale donneuse d'ordres fragilise davantage leur position.

En somme, l'autonomie dépendante des entreprises sous-traitantes assure aux centrales un contrôle plus direct sur la réalisation de certaines tâches que le contrôle hiérarchique qu'elles détiennent ne pourrait le faire. Comme le conclut Appay, il s'agit d'un cas typique d'une autonomie contrôlée construite à travers un processus d'externalisation qui segmente l'organisation de la production, divise les emplois et fragilise la relation salariale. La précarité des salariés des entreprises sous-traitantes favorise la régulation de contrôle qui, elle-même, est cause et effet de l'externalisation des responsabilités. Il en résulte que l'autonomie octroyée est non seulement verrouillée, mais contrôlée.

Conclusion

Dans certains contextes, l'autonomie facilite la coordination des opérations et les salariés peuvent ainsi en retirer un travail enrichi et un allègement de leur tâche. En effet, être autonome permet d'ajuster les délais prescrits aux exigences de la tâche et d'adapter les modes opératoires aux capacités individuelles des employés. Choisir une posture, modifier l'ordre des opérations, prendre du recul, contourner une contrainte, sont des actions qui peuvent réduire la pénibilité d'une tâche et le stress au travail. En contrepartie, les enquêtes statistiques démontrent une intensification du travail qui s'accroît parallèlement à l'augmentation de l'autonomie des salariés. Ajouter au travail des opérations situées en amont et en aval de la tâche prescrite tout en maintenant des contraintes temporelles ou en exerçant des contrôles hiérarchiques accroît le rythme de travail et sa charge mentale. Tel Janus, l'autonomie présente donc un double visage. Elle constitue un potentiel de desserrement des contraintes organisationnelles par les marges d'initiatives que les organisations concèdent aux salariés, mais s'accompagne simultanément d'une intensification du travail et d'une augmentation de la charge de travail consécutive au cumul des responsabilités et à l'ajout d'exigences de résultat.

Si les facteurs structuraux déterminent les orientations stratégiques des entreprises et influencent les modes d'organisation du travail qu'elles mettent en place pour atteindre leurs objectifs, leur prise en compte ne doit pas rendre aveugle aux interactions sociales qui se déroulent au sein des organisations. L'action des acteurs est à la fois cause et effet des modes de régulation qu'ils se adoptent, et c'est à travers leurs jeux que les formes d'autonomie se déploient. L'étude de l'autonomie au travail, en révélant sa diversité, dévoile aussi la complexité des jeux des acteurs et des règles qu'ils se donnent pour coopérer et livrer la « marchandise » dans les délais prescrits et conformément aux standards fixés. Si l'autonomie peut diviser, elle peut aussi unir. À ce titre, elle est un prérequis à la coopération du travail.

TROISIÈME PARTIE
QUATRE ASPECTS DE
LA TRANSFORMATION DU TRAVAIL

III
Coopération ouverte et coopération forcée

Introduction

Quelle que soit l'activité à réaliser, la coopération des individus au travail est toujours requise, mais est susceptible de prendre des formes différentes selon les modes d'organisation du travail dans lesquels elle s'insère. Smith voyait dans la coopération le versant nécessaire à la division du travail qui, en obligeant les échanges, favorisait le développement des nations, tandis que Marx démontrait qu'elle était une force productive au profit du capital. Taylor a prétendu la canaliser au nom de l'efficacité productive en la plaçant sous le contrôle de l'entreprise. Pour ce faire, il s'est employé à briser les solidarités de métier qui, paradoxalement, en constitue le fondement. Vingt à trente ans plus tard, Mayo et son équipe de chercheurs « ont découvert » la coopération à l'ombre de l'organisation formelle, cantonnée cette fois dans les interstices de liberté que les travailleurs se sont aménagés clandestinement.

Dans son analyse du passage du travail mécanisé à l'automatisation des opérations, Naville (1961) notait déjà le remplacement des anciens collectifs de travail composés d'ouvriers de niveau comparable par de nouvelles équipes plus intégrées dont la coopération des membres s'imposait par la fluidité des opérations. Si, durant la phase du travail mécanisé, la coopération des travailleurs était niée par le découpage des tâches et la séparation des fonctions d'exécution et de conception du travail, l'automatisation, en éloignant le processus de transformation des matières de l'action humaine, rapproche les opérateurs et les incite à la coopération active. De clandestine et limitée à l'action des groupes informels dans le travail mécanisé et taylorisé, l'automatisation, en faisant appel aux aptitudes et aux connaissances des opérateurs, normalise la coopération.

    C'est donc au cœur du travail collectif que la coopération se construit, et les relations comme les complicités qu'elle suppose transforment les collectifs aux contours flous et à la cohésion faible en groupes organisés et structurés en finalité. À l'instar des règles, la coopération normalise les interactions individuelles et collectives et concentre les intérêts particuliers autour d'un projet commun. Si la collaboration et les modes de coopération qui s'établissent au sein des collectifs de travail contribuent à leur formation, la coopération dépend, réciproquement, de la solidité et de la pérennité des groupes dans lesquels elle s'inscrit. Le degré d'autonomie des collectifs, l'interdépendance de ses membres et les stratégies de carrière que les individus adoptent influencent évidemment la dynamique interne des collectifs de travail (Gheoghiu, Moatty, 2003). Les trajectoires professionnelles antérieures et les modes de socialisation que les individus ont connus influent également sur la formation des équipes de travail et éventuellement sur leur coopération. C'est la raison pour laquelle la coopération prend aux yeux des individus un sens dans la mesure où l'action qu'elle canalise contribue à leur accomplissement et que, collectivement, elle rapproche les groupes de travail des objectifs qu'ils se sont fixés. Il y a donc dans la coopération au travail une double dimension subjective qui tient à l'implication de soi, contrainte ou non, et au besoin d'accomplissement personnel. La coopération est à cet égard l'occasion et le moyen pour les individus de faire valoir leur contribution dont la reconnaissance par les pairs et la hiérarchie influe sur leur identité professionnelle.

En même temps, la coopération est l'objet d'un travail par les dispositifs organisationnels qui visent à orienter les ressources et les savoirs qu'elle mobilise vers l'atteinte des objectifs que l'organisation poursuit. Mais, la volonté des salariés de résister aux pressions qu'ils subissent ou de répondre favorablement ou non aux appels à la mobilisation qui leur sont adressés influence également les voies qu'elle emprunte. Enfin, la coopération, comme la participation, doit épouser les finalités de l'organisation et n'échappe pas aux rapports sociaux qui en fixent les règles et les objectifs. Ainsi, en déterminant l'attribution des postes et des tâches, en définissant les rôles et les responsabilités de chacun et en fixant les objectifs à atteindre et les standards à respecter, l'organisation du travail balise la coopération et influe directement sur les modalités de son déploiement.

La coopération est donc appelée à prendre des formes multiples, passant des formes ouvertes parce que requises par les exigences des systèmes automatisés de production ou par la prestation de services personnalisés, à des formes contraintes parce que soumises aux impératifs financiers et commerciaux que les entreprises répercutent sur les salariés.

Dans les entreprises où les installations nécessitent des investissements importants, les gains de productivité se réalisent de plus en plus dans les interstices opératoires par les temps gagnés sur les transferts de lignes ou lors des changements d'outils et par la réduction des temps d'arrêt provoqués par les pannes ou les bris des équipements. Les industries de process et certaines grandes entreprises de production en série exigent donc des opérateurs une coopération ouverte qui prend alors la forme de collaboration à distance. Horizontalement, la coopération sollicite les équipes de travail et implique les services de soutien et de maintenance, tandis que verticalement elle rejoint l'encadrement et la fonction de maîtrise. Les interventions qu'elle active s'étendent alors à des collectifs élargis dont les actions dépassent en ampleur et en efficacité celles des anciennes équipes de travail et embrassent des activités qui relèvent de la coordination du travail. De nouvelles règles de fonctionnement s'élaborent alors sous l'effet des actions croisées des acteurs et la coopération se construit à leur point de rencontre. Les études de Veltz sur *le nouveau monde industriel* (2000) et celles de Zarifan sur *le modèle de compétence* (2004, 2009) documentent ce type d'analyse de la coopération ouverte qui, refusée hier sous le taylorisme, s'affirme plus fortement aujourd'hui.

Le management appelle aussi de tous ses vœux la coopération au travail parce qu'elle est indispensable à la bonne marche des opérations et que sa mise en œuvre constitue un facteur d'efficience dont il est bien conscient. Les performances économiques et financières attendues par les investisseurs, lesquelles ne sont peut-être pas toujours compatibles avec les objectifs de qualité et de personnalisation des biens et des services, impulsent à l'interne une pression telle que les modes de collaboration et de coopération se tendent. Aux pressions externes (concurrence exacerbée, chômage) s'ajoutent des contraintes de rythme et de temps qui font de l'autonomie accordée aux collectifs de travail une autonomie contrôlée et de la coopération attendue des salariés une coopération forcée. C'est la thèse que Coutrot défend (1998).

1. La coopération ouverte

L'entreprise en réseau décrite par Veltz et la firme coopératrice dont Zarifian entrevoit l'émergence reposent sur les analyses des changements qu'ils ont observés dans les industries de process et les grandes entreprises de production en série. Leur hypothèse commune veut que ces changements résultent du remplacement de l'ancienne organisation du travail qui reposait sur le modèle de l'opération simple et de la séparation des fonctions du travail, héritage maintenant révolu du taylorisme à leur avis, par un nouveau modèle organisationnel axé sur le rapprochement des fonctions productives et la coopération ouverte des salariés. En effet, un grand nombre d'activités rendent obsolète le découpage des tâches en opérations simples, découpage qui est incompatible avec la production automatisée et les contingences du travail de service caractérisé par une hétérogénéité de situations. L'allocation normée des temps élémentaires est autant incompatible avec une production en continu qu'avec une production à fort contenu capitalistique. Le travail aujourd'hui se définit moins par une succession d'opérations simples que par une prise en charge collective des processus productifs qui tirent leur efficacité, non du respect des temps élémentaires, mais de la coopération que les équipes de travail réussissent à mettre en œuvre.

La performance des entreprises ne dépendrait donc plus des gains de productivité obtenus par l'intensification du travail et la réduction des coûts, mais relèverait davantage du contrôle général des processus productifs et de la coordination des fonctions et des services, ce qui suppose une intégration des savoirs industriels. En effet, si l'automatisation et la programmation des opérations assurent la fluidité de la production, seuls les pannes et les dysfonctionnements organisationnels compromettent les gains de productivité anticipés. Parce que *l'événement*, c'est-à-dire ce qui échappe aux modes opératoires et aux routines, est devenu économiquement et techniquement important, sa maîtrise constitue un facteur de productivité déterminant. C'est donc par la prévision des imprévus et dans l'agencement des interfaces organisationnelles que se joue la performance des entreprises. C'est la raison pour laquelle Veltz utilise l'expression de *productivité événementielle* pour souligner l'impact du facteur humain sur les performances des entreprises et l'importance de coordonner les collaborations au travail dans des séquences maîtrisées.

Le renouvellement des technologies, aussi essentiel soit-il à l'amélioration de la productivité, constitue un facteur de performance à la condition qu'il soit accompagné d'un modelage organisationnel susceptible d'accroître ses effets. La clé de réussite des entreprises réside donc moins dans la technologie que dans l'organisation, moins dans le cloisonnement des fonctions et des services que dans la coordination horizontale, moins dans l'imposition de contraintes que dans la coopération des travailleurs. Pour reprendre la formule de Veltz, l'efficacité ne dépend plus seulement de l'intensité du travail, mais relève de l'organisation en tant que mode d'articulation de la coopération du travail et de l'agencement des interfaces entre les acteurs et les services le long d'une chaîne de responsabilités partagées (2000 : 17).

Tout en se situant dans cette perspective d'analyse du travail industriel, Zarifian invite les entreprises à délaisser ce qu'il appelle la version faible de la coopération pour opter pour la version forte. La thèse défendue par Zarifian consiste à associer la coopération à la notion de compétence, parce que toutes les deux supposent une communication élargie et une intercompréhension des situations de travail et des actions. S'il emprunte à Habermas les notions de communication et d'intercompréhension, la conception de la coopération qu'il propose s'inspire de la notion d'œuvre de Arendt, notion qui renvoie à une activité finalisée, réalisée et menée à terme par un sujet individuel ou collectif.

La coopération au sens faible du terme est voisine chez lui de la notion de coordination et s'impose aux entreprises pour des motifs d'efficience organisationnelle et d'efficacité économique. C'est, en effet, pour gagner en souplesse réactive et en capacité d'action que l'entreprise, particulièrement la grande entreprise industrielle, appelle à la coopération selon Zarifian. Les changements qui s'opèrent dans l'environnement des entreprises commandent souvent des réactions immédiates, que seules la libre circulation de l'information et la mobilisation rapide des acteurs rendent possibles. La rapidité à effectuer les adaptations requises oblige à rapprocher la prise de décision de l'analyse des problèmes et milite en faveur d'une organisation souple des services et d'une coordination plus serrée des actions. L'intensification des échanges et la coopération des acteurs permettent alors de contourner les obstacles qu'entraînent une structure bureaucratique trop lourde et le cloisonnement des services.

Mais ce type de coopération n'est pas incompatible, selon Zarifian, avec le maintien des anciens paradigmes organisationnels. En effet, resserrer la chaîne des opérations, aménager des points de jonction entre des services ou prévoir des mécanismes transversaux d'échange d'information, c'est encore maintenir la séparation entre les fonctions du travail et c'est toujours ne pas partager les responsabilités et concentrer le pouvoir de décision. Ce n'est donc pas reconfigurer les espaces de travail et les champs d'action des services, et ce n'est pas redéfinir les rôles et les responsabilités de chacun.

La version forte de la coopération que Zarifian propose implique une remise en cause plus radicale de l'organisation traditionnelle du travail et dépasse la simple coordination améliorée des actions pour atteindre le cœur du travail moderne, c'est-à-dire la communication. Si coopérer signifie agir ensemble, la coopération implique la communication, l'analyse croisée des situations de travail et la définition partagée des objectifs ou des projets. Au sens fort du terme, coopérer consiste donc du point de vue de Zarifian à développer ce qu'il appelle des *espaces d'intersubjectivité* qui reposent sur l'implication subjective des individus et non sur la simple convergence des intérêts et des actes. La coopération peut prendre différentes formes dont celle de *groupes de projets multimétiers* au sein desquels les différentes spécialités apprennent à réfléchir ensemble et à agir de manière coordonnée ou celle de partenariats mettant en œuvre des collaborations efficientes et équitables établies sur la base de relations de confiance mutuelle.

Qu'il s'agisse d'établir de nouvelles collaborations entre différents ateliers d'une même chaîne de production ou entre différents services de soutien, les rapports de travail coopératifs qu'elles impliquent ne peuvent reposer que sur la reconnaissance de leur autonomie respective et sur leur engagement mutuel. L'expérience démontre que la coopération ne peut s'enraciner que si les collectifs de travail s'entendent sur des objectifs communs et que l'évaluation des résultats ne les place pas en situation de compétition ou de renvoi en cascade des responsabilités. Les critères d'évaluation doivent donc s'appliquer uniformément ou, si nécessaire, être adaptés aux nouvelles situations de coopération. Il peut s'avérer difficile de concilier une gestion transversale avec l'autonomie des équipes de travail et les particularités des différents services, mais la réussite de la coopération horizontale en dépend.

La coopération que Zarifian souhaite suppose donc le décloisonnement des services, le déblocage des postes de travail et une redéfinition des emplois et des compétences. C'est la raison pour laquelle il affirme « qu'il existe une relation directe entre la question de la compétence et celle de la coopération » (Zarifian, 1996 :19). La notion de compétence prend chez lui le sens particulier de *l'intelligence des situations de travail* marquées par la résurgence des *événements* qui les rendent imprévisibles. Elle se distingue clairement des qualifications définies en termes de savoirs formalisés et attestés par le diplôme et de savoir-faire issus de l'expérience. Elle repose plutôt sur la compréhension des situations de travail et des réponses que celles-ci commandent. La compétence intelligente est indissociablement conceptuelle et pratique, en ce sens qu'elle réside à la fois dans l'anticipation des pannes et des dysfonctionnements et dans les initiatives qu'elle lance. Elle suppose l'apprentissage collectif des situations productives et une appropriation des cadres d'action qui structurent les interventions et balisent leur coordination. Le développement des compétences ne peut donc s'imposer de l'extérieur puisqu'il implique l'engagement des individus qui trouvent dans les rapports coopératifs au travail le ressort nécessaire à leur mobilisation.

Même si elle s'appuie sur quelques constats fondés, la proposition que Zarifian formule d'une coopération forte n'implique pas à court terme la disparition des anciens paradigmes d'inspiration tayloriste ou fordiste et semble davantage annonciatrice d'une tendance dont il souhaite la confirmation que d'une réalité suffisamment établie pour qu'elle puisse assurer sa pérennité. Si la coopération au travail gagne du terrain, le paradigme de la séparation des tâches et des responsabilités n'est pas révolu pour autant, et la proposition de Zarifian suppose une négociation des fonctions du travail et un partage des champs de responsabilités et du pouvoir que les acteurs sociaux auront peine à mener à terme. En l'absence des conditions préalables à son implantation et d'un engagement clair des acteurs concernés, la probabilité de voir émerger une forme de coopération moins favorable aux salariés risque de se confirmer.

2. La coopération forcée

Il appartient à Coutrot d'avoir popularisé la notion de coopération forcée qu'il associe à l'émergence d'un nouveau modèle organisationnel de type néo-libéral. Ce modèle n'est pas encore une réalité dominante, mais représente une tendance qui aurait la vertu de concilier un ensemble d'éléments organisationnels qui semblent paradoxaux de prime abord. Comment en effet concilier les innovations techniques et organisationnelles que les entreprises confrontées à la concurrence internationale effectuent avec un modèle de relations de travail conflictuel qui semble être demeuré figé dans une posture tayloriste ou néo-fordite ? Comment rendre acceptable l'autonomie et la polyvalence quand l'entreprise sous-traite et développe des réseaux qui fragilisent les collectifs de travail ? La loyauté valorisée et la coopération recherchée se conjuguent-elles avec les rationalisations et les plans sociaux qui accroissent le chômage et la précarité ? L'idéal-type de l'organisation néo-libérale dont Coutrot décrit l'émergence n'est pas sans contradiction, mais réussit à concilier le discours néo-libéral sur la valeur intrinsèque des individus avec la réalité des contraintes macro-économiques qui incitent à la coopération forcée et à l'implication contrainte.

La description de ce modèle repose sur l'analyse de données recueillies par l'enquête REPONSE (relations professionnelles et négociations d'entreprise) menée par le ministère du Travail en 1993. Cette enquête portait sur un échantillon de 2,600 entreprises des secteurs public et privé et rejoignait autant les directions des établissements que les représentants du personnel. Elle abordait les trois domaines suivants qui affectent la vie interne des entreprises et leur dynamique professionnelle : le contexte concurrentiel, l'organisation sociale et technique du travail et les processus de régulation des relations de travail.

La force du nouveau régime de mobilisation qui est associé au modèle néo-libéral repose sur un ensemble de contraintes macro-sociales qui imposent aux salariés une coopération forcée et une autonomie contrôlée. Aux ressorts internes de la performance s'ajoutent la pression des marchés et les caprices des clients, la diversification des productions et la personnalisation des services et, par-dessus tout, les niveaux de rendement qui doivent être atteints dans des délais de plus en plus courts. Grâce à la mondialisation des marchés financiers et aux réseaux électroniques, les investisseurs institutionnels ont les moyens de mesurer en temps réel les performances des entreprises, et ils peuvent orienter leurs capitaux en fonction des avantages comparatifs enregistrés à la grandeur de la planète. Des différentes formes de performance possibles, c'est la rentabilité financière qui est privilégiée par les investisseurs et c'est elle qui établit la norme à laquelle les entreprises doivent se soumettre. D'où les appels répétés à la mobilisation et à l'engagement au travail par les entreprises qui ne peuvent ignorer longtemps les avantages d'un concurrent. Elles doivent donc atteindre les gains d'efficacité fixés, et leurs niveaux de productivité doivent rejoindre ceux des leaders de leur secteur au risque de subir un transfert de ressources ou de se voir imposer des plans de rationalisation. Le marché financier sert aussi, aux dires de Coutrot, de dispositif disciplinaire et maintient une pression sur les entreprises, ce qui représente une menace pour les collectifs de travail qui refuseraient de se soumettre aux normes édictées. Or celles-ci ne peuvent être respectées sans une tension maximale des flux productifs et une coopération sans faille des salariés.

La montée en puissance des institutions financières accompagne la gouvernance des entreprises, laquelle a tendance à rationaliser le travail par la réduction des coûts salariaux. Ces politiques de restrictions financières expliquent le tassement des structures hiérarchiques et le transfert de responsabilités aux salariés. Mais, l'autonomie que les salariés gagnent se paie au prix d'une augmentation des charges de travail et d'un relâchement de la relation salariale. La fragmentation de la force de travail par la sous-traitance et la contractualisation interne obéissent à la même logique et ont pour effet de fragiliser les collectifs de travail et de desserrer les liens d'emploi. Au darwinisme des marchés s'ajoute donc la concurrence interne à laquelle les îlots de productivité, les centres de profit et les sous-traitants de toutes sortes se livrent.

Le régime de mobilisation néo-libéral instaure de nouveaux dispositifs gestionnaires qui incitent les salariés à s'investir personnellement au travail. On exige d'eux une plus grande disponibilité et un effort accru afin de rendre plus efficiente l'organisation du travail et d'assurer une utilisation maximale des équipements ou des installations. La gestion des ressources humaines est subordonnée à la bonne marche des opérations et a pour objectif d'aligner la mobilité de la main-d'œuvre sur celle des flux productifs. Des groupes de résolution de problèmes et autres cercles de qualité sont formés pour suppléer aux carences organisationnelles et techniques, mais lorsque les problèmes sont résolus, les groupes disparaissent sans que leurs interactions aient permis l'émergence d'une identité collective.

Ce qui n'empêche pas les appels répétés à la mobilisation des salariés dont la valorisation passe par l'individualisation des rémunérations et les pratiques d'évaluation annuelle. Mais, toutes deux ont pour effet d'effriter davantage les solidarités et d'accroître l'esprit de compétition. L'augmentation des formes individuelles de salaire n'est pas incompatible avec la formation de collectifs de travail qui sont créés pour répondre aux besoins ponctuels des organisations. Elle n'affecte pas non plus la coopération au travail puisque celle-ci, contrairement à certaines prétentions, ne relève ni d'un engagement libre, ni de la cohésion des groupes, mais repose plutôt sur leur effritement et obéit à la contrainte des marchés.

Le régime de mobilisation néo-libéral reflète donc la montée en puissance des marchés financiers qui, couplée à la crise de l'emploi qui s'étire, alimente la crainte du chômage et de la précarité. Ces pressions ont pour effet de réguler les performances des entreprises et de normaliser les relations professionnelles en affaiblissant les collectifs de travail. En effilochant les cultures d'appartenance, les contraintes macro-sociales, organisationnelles et techniques privent les travailleurs de références normatives et d'ancrages identitaires dont l'absence ouvre la voie à l'autonomie contrôlée et à la coopération forcée.

L'interprétation que Coutrot donne de la coopération forcée trouve une confirmation dans les résultats qu'il relève de l'enquête sur les *Changements organisationnels et l'informatisation* (COI) réalisée par le ministère du Travail en 1997. Cette enquête montre que le travail collectif, socle d'une éventuelle coopération au travail, est surtout présent dans la grande entreprise et qu'il caractérise le travail des salariés fortement qualifiés (77 % des cadres et 63 % des professions intermédiaires), et un peu moins celui des ouvriers qualifiés (57 %) et des ouvriers non qualifiés (50 %). Il faut comprendre que la notion de travail collectif a un sens relativement extensif ici, puisqu'il concerne autant le travail avec des collègues d'une même unité que le travail avec d'autres membres de l'entreprise et même avec des personnes extérieures à celle-ci. L'enquête démontre surtout que le travail collectif, entendu au sens large du terme, est associé aux changements apportés à l'organisation du travail, et que ceux-ci ne sont pas toujours favorables à la constitution de véritables équipes de travail dont la formation requiert une stabilité minimale des membres, une certaine homogénéité sociale ou professionnelle et le partage d'intérêts communs. La création de collectifs de travail aux frontières floues et à la cohésion faible rend difficile l'intégration des membres et très problématique l'émergence d'une identité stable. La coopération au travail vécue par ces groupes prend donc la forme d'une coopération contrainte telle que la décrit Coutrot.

Il n'est donc pas étonnant de constater que la performance des travailleurs collectifs, laquelle est systématiquement plus élevée que celle des salariés travaillant isolément, est attribuable à une intensification du travail. Cette hausse de l'intensification du travail est obtenue par un accroissement des rythmes de travail imposé principalement par le déplacement automatique des produits et des pièces, par les demandes extérieures (clients) qui obligent à une réponse immédiate, et par la dépendance à l'égard du travail des collègues. Les travailleurs collectifs doivent plus souvent que les travailleurs individuels respecter des normes strictes de qualité, effectuer des tests et interrompre leur tâche pour en effectuer une autre considérée plus urgente ou imprévue. Par contre, ils sont plus nombreux à bénéficier d'une marge d'autonomie au travail. Ils peuvent plus souvent que les travailleurs individuels varier les délais fixés pour la réalisation de leur tâche, modifier la nature ou la qualité du travail qu'ils ont à effectuer et changer les façons de faire. Ils sont aussi plus nombreux à faire l'objet d'une évaluation périodique et à participer aux entretiens annuels qui, dans leurs cas, reposent sur des mesures et des critères relativement précis. Même s'ils appartiennent à des collectifs de travail, ils sont plus nombreux à affirmer que leur salaire et leur progression dépendent de leur rendement individuel au travail.

Les collectifs de travailleurs, en tant que prédispositions organisationnelles à la coopération au travail, présentent donc les mêmes caractéristiques que les salariés soumis à l'autonomie contrôlée et à la coopération forcée que Coutrot décrit. Comme pour les salariés de la coopération forcée, les travailleurs collectifs sont plus autonomes et plus contraints, plus libres et évalués de façon plus serrée, et s'ils prennent plus d'initiatives, ils sont aussi plus encadrés.

Conclusion

Qu'elle soit niée et réduite à la clandestinité par le taylorisme ou qu'elle s'impose pour des raisons techniques ou qu'elle résulte de l'action du management qui appelle les salariés à se mobiliser contre la concurrence, la diversité des formes que prend la coopération au travail souligne l'ampleur des enjeux qu'elle représente. Malgré cette diversité, les recherches présentées dans ce chapitre démontrent que la coopération des salariés dépend de l'organisation du travail, et que l'efficience de celle-ci se joue dans les mailles des collaborations que les travailleurs sont en mesure ou non de tisser. Elles démontrent également que les gains de productivité enregistrés par les entreprises et les établissements dépendent souvent de son efficacité, d'où l'importance de son action.

La coopération au travail constitue en fait la dimension sociale des organisations qui trop souvent privilégient d'investir dans de lourdes structures pas toujours efficientes ou dans des technologies dispendieuses au détriment des ressources humaines auxquelles il est pourtant demandé d'anticiper les pannes techniques et de corriger les dysfonctionnements organisationnels. La coopération représente aussi le versant dynamique de la division du travail et les actions qu'elle impulse corrigent souvent ses défauts ou les rendent supportables. Ainsi, si la division du travail morcelle les tâches en opérations simples, ce qui enlève au travail son sens et prive les travailleurs de la plénitude de leurs actes, la coopération favorise la réappropriation du travail et permet aux salariés d'exercer une influence sur l'ensemble des processus productifs auxquels ils participent. Si la division du travail sépare et isole les travailleurs, la coopération les réunit en collectifs au sein desquels l'acquisition d'habitudes de collaboration leur permet d'atteindre une meilleure coordination et de développer des comportements d'entraide et de solidarité.

À l'instar de Reynaud (1997) qui distingue la régulation autonome, de contrôle et conjointe, la coopération au travail est susceptible de prendre des formes clandestines plus ou moins tolérées ou combattues par la hiérarchie ou des formes normalisées, plus contrôlées ou imposées par des processus productifs ou par le management. Et à défaut de pouvoir imposer l'une ou l'autre de ces formes de coopération, les acteurs peuvent convenir en fonction de leurs intérêts respectifs d'une coopération ouverte qui assure aux organisations un fonctionnement efficient et un niveau de productivité satisfaisant.

Enfin, si l'on soutient que les règles déterminent l'actualisation de la coopération au travail et qu'elles encadrent ses modalités de réalisation, on peut raisonnablement formuler l'hypothèse inverse qui veut que le déploiement de la coopération constitue une des sources de la régulation.

TROISIÈME PARTIE
QUATRE ASPECTS DE LA TRANSFORMATION DU TRAVAIL

IV
Organisation et intensité du travail

Introduction

La sociologie du travail s'est beaucoup attardée à la reconnaissance des nouvelles compétences et à la constitution des espaces professionnels redéfinis par l'automatisation et l'informatisation des processus de production tant dans le secteur de la fabrication que dans celui des services. Dans les années 90, les grandes enquêtes sur les conditions de travail menées dans différents pays font apparaître de nouveaux modes d'organisation et soulignent l'émergence d'un travail enrichi, mais dont les formes semblent contradictoires. Les salariés sont plus autonomes dans l'exécution de leur tâche, mais la surveillance hiérarchique ne se relâche pas pour autant. S'ils peuvent prendre plus d'initiatives, ils sont aussi soumis à davantage de prescriptions. Même quand ils sont responsables et conscients des conséquences organisationnelles et financières des erreurs qu'ils peuvent commettre, les contraintes que les salariés subissent de cessent de croître. Ils affirment travailler plus durement, manquer souvent de temps pour assumer correctement leur fonction, et ils se sentent davantage stressés et fatigués. Bref, les enquêtes révèlent une augmentation générale de la charge de travail et soulignent l'apparition de nouvelles formes d'intensification du travail.

Alors que la productivité du travail marque des points et que les employés sont plus efficaces, les entreprises améliorent leur performance économique et les bailleurs de fonds affichent de meilleurs rendements sur leurs investissements. Les différentes formes de performance (commerciale, financière, productive et personnelle) sont attribuables à de multiples facteurs et renvoient à différentes stratégies des entreprises : accès à des parts accrues des marchés et à de nouveaux segments de la clientèle pour la performance commerciale ; meilleure qualification des employés, gestion des ressources humaines plus serrée, politique salariale incitative et hiérarchie allégée pour la performance des salariées ; réduction des temps morts, densification des processus productifs, organisation du travail plus efficiente pour la performance productive ; et enfin, sous-traitance, délocalisation et meilleure coordination entre les unités organisationnelles pour la performance financière. Bref, les causes de l'amélioration des performances commerciale, financière, productive et personnelle sont nombreuses et constituent autant de champs d'analyse.

Au seul plan de la performance productive, les spécialistes conviennent de la nécessité de différencier la productivité du travail de son intensité (Fernex, 2000). À une intensité de travail donnée, la productivité consiste à produire une certaine quantité de valeurs par rapport à une unité de temps. Elle renvoie conséquemment aux caractéristiques de l'organisation du travail, notamment aux technologies utilisées, à l'efficacité de ses modes opératoires, à la division horizontale et verticale du travail, aux processus décisionnels et aux relations de pouvoir (Barisi, 2006). L'intensité du travail réside plutôt dans la nature du travail effectué, c'est-à-dire dans la dépense particulière d'énergie physique, mentale et psychologique. L'intensité du travail dépend alors des conditions de travail qui déterminent cette dépense d'énergie, dont les conditions physiques (bruit, température, posture, déplacement, etc.) et les conditions de sécurité (hygiène, produits toxiques, risques d'accident, etc.). Elle réfère aussi à la division du travail et à la composition des postes de travail dont les définitions et les enchaînements exigent des opérateurs une dépense plus ou moins grande d'énergie. Les cadences, par exemple, peuvent être un bon indicateur objectif de l'intensité du travail par l'effort qu'elles commandent, mais certains spécialistes préfèrent mesurer l'intensité du travail par la contrainte qu'elle exerce sur les conditions de travail telles que les salariés les perçoivent. Par exemple, Berg et Kalleberg (2006) insistent sur le stress et la pénibilité que l'intensité du travail engendre, tandis que Cartron et Gollac (2006) soulignent la dégradation des conditions de travail qu'elle entraîne.

Or, conditions de travail et modalités organisationnelles évoluent simultanément. Plusieurs entreprises ont, en effet, procédé à des transformations organisationnelles et ont rationalisé leur façon de faire. Au plan macro-social, l'ouverture des frontières et la segmentation des marchés, la pression des clients et la remontée dans les organisations de leurs exigences, la concurrence accrue et les impératifs financiers plus affirmés ont poussé les entreprises à plus de flexibilité organisationnelle. L'automatisation des processus productifs et leur informatisation ont favorisé aussi la diffusion du juste à temps et l'adoption de modes de production en flux tendus. En conséquence, la simultanéité de ces changements organisationnels et les modifications qu'ils ont apportées aux conditions de travail rendent difficile la tâche de discriminer leurs effets respectifs et d'attribuer à la productivité du travail, ou à son intensification, la performance des entreprises (Valeyre, 2001).

C'est la raison pour laquelle les spécialistes distinguent trois formes d'intensification du travail : une forme industrielle qui relève des principes tayloriens, une forme événementielle associée aux exigences de la production en continu et en grande série, et une forme marchande qui dépend de la montée dans la production de la demande des marchés et des clients. Les cadences dictées par les mouvements des machines ou par les flux de la production automatisée imposent une intensité au travail et une chasse aux temps morts. La forme taylorienne d'intensification du travail recherche donc une productivité homme-machine accrue et relève d'une logique industrielle. Par contre, plusieurs auteurs ont souligné que l'automatisation et l'informatisation des processus productifs déplaçaient l'enjeu de la productivité du rapport homme-machine vers celui de la régulation de la production et de l'engagement continu des installations, compte tenu du coût prohibitif que représentent les pannes techniques et les arrêts en raison d'erreurs humaines. L'intensification du travail prend ici une forme événementielle et vise à contrer les dysfonctionnements techniques et organisationnels. Enfin, la concurrence des marchés, la remontée des exigences de la clientèle dans les organisations et les pressions temporelles qu'elles induisent entraînent une forme marchande d'intensification du travail. De plus, dans certains contextes, il n'est pas rare de constater une hybridation des formes industrielle et marchande d'intensification du travail au sein de laquelle les prescriptions de rythme, de cadence et d'obligation de résultat se combinent aux contraintes de temps, de disponibilité et de délais.

Les deux premières études présentées dans ce chapitre puisent leurs données dans les enquêtes *Conditions de travail* que la Dares effectue tous les sept ans depuis 1978 et dans les enquêtes sur *l'Emploi* menées annuellement par l'INSEE. Les enquêtes *Conditions de travail* procèdent à partir d'un échantillon de 19,000 personnes qui, lors d'une rencontre à leur domicile, répondent à un questionnaire. Celui-ci évite les questions subjectives susceptibles d'entraîner une opinion et tente de cerner le plus objectivement possible les conditions de travail réelles, telles que les répondants les perçoivent. Différents aspects des situations de travail sont abordés dont la prescription des tâches, les rythmes de travail, les marges de manoeuvre, les efforts consentis et les risques encourus. L'étude de Valeyre (2001, 2003, 2004, 2006) porte sur la diversité des formes que l'intensification du travail prend selon les différents secteurs industriels investigués. Elle montre la persistance de la forme taylorienne d'intensification du travail tout en soulignant la montée des nouvelles formes événementielle et marchande d'intensification. Par-dessus tout, elle révèle l'existence de relations entre les formes d'intensification du travail et les performances des entreprises en termes d'efficacité productive et de rentabilité économique. Contrairement à l'étude précédente, celle de Cartron (2004) porte sur les conséquences pour les salariés de l'intensification du travail. Il rappelle, à la suite de plusieurs autres auteurs, que l'hybridation des formes industrielle et marchande d'intensification, par le cumul des contraintes qu'elle entraîne, façonne un environnement organisationnel aggravant qui se répercute négativement sur les conditions de travail des salariés.

Enfin, la recherche de Raveyre et Ughetto (2006) aborde l'intensification du travail dans le secteur hospitalier sous l'angle de la subjectivité des employés. Contrairement aux deux études précédentes qui attribuent à l'organisation et à l'intensité du travail la performance des entreprises et la détérioration des conditions de travail des salariés, cette dernière recherche accuse plutôt le manque d'organisation et la difficulté pour les dirigeants de saisir réellement le travail effectué d'être responsables du sentiment d'urgence chronique qui presse ces salariés. Les tensions que les soignants ressentent sont attribuables à ce manque d'organisation, mais les identités professionnelles qui les caractérisent et l'éthique de service qui les anime les amènent à les vivre positivement, ou pour le moins, à les supporter.

1. L'un gagne, l'autre perd

C'est pour souligner les effets différentiels de l'intensification du travail que cette première partie du chapitre aborde son étude sous l'angle des avantages que les entreprises en retirent et des inconvénients que les salariés subissent. Si une part des performances des entreprises enregistrée au cours des années 80 et 90 est attribuable à l'intensification du travail, les salariés affirment subir au cours de la même période un accroissement de leur charge de travail. Les rythmes s'accélèrent, la pénibilité du travail augmente, les pressions du client se renforcent et les salariés sont de plus en plus nombreux à abandonner une tâche pour en effectuer une autre plus urgente. Plusieurs se disent contraints à gérer des objectifs contradictoires, ce qui explique les tensions qu'ils ressentent, lesquelles augmentent en fonction de la pénurie des moyens et du manque d'informations pertinentes à la réalisation de leurs tâches. Si l'autonomie des salariés s'améliore et qu'ils peuvent prendre plus d'initiatives, les contrôles hiérarchiques et normatifs ne se relâchent pas pour autant. Tel Janus, l'intensification du travail présente deux visages : les salariés payent le prix de ce que les entreprises gagnent en avantages.

1.1. Intensification du travail industriel et performance des entreprises

En plus des données des enquêtes *Conditions de travail* mentionnées plus haut, Valeyre utilise également les données du système unifié de statistiques d'entreprises de l'INSEE qui fournit des informations sur les caractéristiques économiques et financières des entreprises. Il se propose d'étudier l'intensification du travail dans les différents secteurs de l'industrie française sous l'angle des contraintes de rythme et de les relier à l'évolution des performances économiques des entreprises.

Les contraintes de rythme[1] sont objectivées en référant le répondant, non aux pressions qu'il ressent (obligation de se déplacer, soumission à des cadences), mais aux conditions

---

[1] Il s'agit de contraintes qui résultent des cadences des machines et des flux des produits, des contraintes de normes de production et de délais, des contraintes événementielles liées aux incidents et aux problèmes techniques et des contraintes hiérarchiques, horizontales et marchandes.

concrètes de son travail. Elles sont regroupées sous les formes taylorienne ou industrielle, événementielle et marchande d'intensification du travail. La forme industrielle réside dans la combinaison des contraintes automatiques, des contraintes de normes de production et de délais auxquelles s'ajoutent les contrôles hiérarchiques et horizontaux. Il appert que la forme industrielle d'intensification du travail se rencontre principalement dans les secteurs de production en série, alors que les contraintes événementielles sont évidemment plus importantes dans les industries de process, et que la forme marchande d'intensification du travail caractérise les industries de biens d'équipement et de consommation. De 1984 à 1998, toutes les contraintes de rythme ont augmenté dans l'industrie et la proportion des salariés qui déclarent être exposés à plus de quatre d'entre elles a plus que doublé. La moyenne générale des contraintes subies par les salariés passe de 1.2 en 1984 à 2 en 1991 et à 2.4 en 1998. En 1998, 25 % des salariés supportent au moins quatre contraintes et 10 % d'entre eux déclarent être exposés à plus de cinq contraintes en même temps.

Or, l'augmentation de l'intensité du travail mesurée par la hausse des contraintes de rythme s'inscrit dans une stratégie d'amélioration des performances économiques des entreprises. Valeyre retient deux indicateurs de celles-ci : la productivité du travail et la rentabilité économique.

L'intensification du travail contribue à l'amélioration de la productivité du travail dans la mesure où les contraintes de rythme reflètent les transformations organisationnelles et les innovations technologiques des entreprises et qu'elles induisent une meilleure efficacité productive. À l'exception des industries de process, Valeyre relève une corrélation significative entre l'augmentation des contraintes de rythme et la croissance de la productivité du travail dans les autres industries. Cette correspondance est principalement attribuable aux contraintes industrielles, hiérarchiques et marchandes, alors que les contraintes événementielles ne sont pas corrélées positivement.

Cette exception s'explique par le fait que la productivité du travail dans les industries de process est souvent inversement proportionnelle aux contraintes événementielles qui, on le répète, sont liées à la fréquence des pannes et aux incidents techniques qui déstabilisent les flux productifs. Ici, il y a « déconnexion entre productivité et intensité du travail », affirme Valeyre. Il n'est donc pas surprenant de constater, par ailleurs, que dans les organisations taylorienne ou fordienne de production en séries, la productivité est associée à l'intensification du travail, elle-même attribuable à la diminution des déplacements des stocks et des mouvements des ouvriers. Dans les organisations de production en juste à temps, la productivité du travail résulte de son intensification par la réduction des temps de production que la tension des flux entraîne.

La rentabilité économique des entreprises est mesurée à partir de deux ratios : l'un se rapportant au *capital fixe,* l'autre au capital *engagé* qui comprend le capital fixe et le capital circulant. Ce dernier ratio tient compte de l'importance du capital circulant dans les industries à flux tendus. L'analyse statistique démontre que la rentabilité économique du *capital fixe* est associée à la croissance des contraintes de rythme, particulièrement aux contraintes industrielles et hiérarchiques. Ces contraintes sont positivement corrélées à la croissance de la productivité du travail et négativement corrélées à l'augmentation des coûts de main-d'œuvre. Il en est autrement pour la rentabilité économique du capital *engagé* qui est associée aux contraintes industrielles et marchandes. C'est en accélérant la vitesse des flux productifs par une réduction de la durée des cycles de production que les contraintes industrielles et marchandes contribuent à réduire le capital circulant et à améliorer la rentabilité du capital *engagé*.

En somme, l'analyse statistique de Valeyre démontre que les formes industrielles, événementielles et marchandes d'intensification du travail sont associées à différents modèles de rentabilité économique des entreprises. La forme industrielle d'intensification du travail est associée à la croissance de la productivité du travail dans la mesure où elle améliore l'efficacité productive et contribue à réduire les coûts salariaux conformément à une logique taylorienne. À cause de l'importance du capital fixe qui est immobilisé dans les industries de process, la rentabilité économique des entreprises de ce secteur est en lien avec les contraintes événementielles qui visent à réduire les pannes et les incidents techniques afin d'améliorer la rentabilité du capital fixe. Enfin, la forme marchande d'intensification du travail vise à améliorer l'efficacité du capital circulant par la réduction de la durée des cycles de production dans les industries à flux tendus. Dans les faits, les différentes formes d'intensification du travail ne sont pas mutuellement exclusives. Au contraire, elles se combinent selon des dominantes : industrielle dans les industries de main-d'oeuvre, événementielle dans les industries à forte intensité de capital et marchande dans les industries de produits complexes.

1.2. Intensification et conditions de travail

Si l'intensification du travail améliore les performances économiques des entreprises, elle n'est pas sans effet sur la charge de travail que les salariés supportent et elle est souvent associée à une dégradation de leurs conditions de travail (Gollac, Volkoff, 1996). Les contraintes de rythme de travail définies plus haut ont un impact sur le sentiment de presse que les salariés ressentent, sur l'impression qu'ils ont d'être régulièrement contraints par le temps, la norme et le client. Elles conditionnent également l'autonomie du travail et les marges de manœuvre que les salariés s'aménagent, réduisent le soutien collectif disponible en cas de difficulté, déterminent les horaires, et augmentent la pénibilité du travail. Même si on assiste à une progression constante et continue des contraintes de rythme de travail dans toutes les catégories socioprofessionnelles pour la période de 1984 à 1998 et à une relative stabilité de leur impact depuis, l'intensification du travail est différemment ressentie selon l'âge, le genre, les secteurs d'emploi et les groupes professionnels. En reprenant les distinctions entre les formes industrielle, événementielle et marchande d'intensification du travail, Cartron (2004) mesure l'évolution des contraintes de rythme de travail pour la période de 1984 à 1998 et analyse leurs effets sur les conditions de travail des salariés. Il cerne également l'impact du cumul des contraintes résultant de l'hybridation des formes d'intensification du travail.

On rappelle que la forme industrielle ou taylorienne d'intensification du travail réfère à ce que Zarifian (2001) appelle la productivité-débit qui résulte de la combinaison des contraintes liées au déplacement automatique des produits ou des pièces, à la cadence des machines, aux normes de production et aux délais à respecter en moins d'une journée. Cette forme d'intensification du travail se rencontre principalement dans les industries de production en grandes séries et dans des entreprises de service où le travail est répétitif, à cycle court et souvent peu qualifié. La forme événementielle d'intensification du travail caractérise les entreprises de process à forte intensité capitalistique pour lesquelles il importe de régulariser les flux de production et de fiabiliser les systèmes. Les coûts associés aux interruptions de la production entraînent une pression afin de régler les dysfonctionnements, mais surtout à les prévenir en multipliant les mesures, tout en maintenant une attention constante aux signaux que les systèmes émettent. Enfin, la forme marchande d'intensification du travail renvoie au rôle du client ou du public dont les exigences remontent la filière productive. Répondre à des marchés de plus en plus fragmentés et à une clientèle aux besoins variables exige une organisation flexible qui détermine, à son tour, les cadences et multiplie les adaptations requises par les changements de production.

Or, de plus en plus d'entreprises tentent de satisfaire les exigences contradictoires de qualité, de quantité et de variété en aménageant des modèles d'organisation hybrides. Combiner la régularité productive du modèle industriel à des automatismes de réactivité et à des mécanismes d'adaptation pour atteindre des quotas quantitatifs, réduire les aléas de la production et répondre aux demandes des marchés, supposent du temps et de l'énergie. Cela exige de manipuler des outils, de changer des pièces et d'effectuer des changements à l'ordre des opérations, actions qui rendent difficile l'atteinte d'objectifs qui s'additionnent. De plus, les amalgames organisationnels, principalement celui des formes industrielle et marchande, entraînent un cumul de contraintes qui augmente l'intensification du travail et contribue à dégrader les conditions de travail (Gollac, Volkoff, 1996, 2000). La contrainte industrielle engendre une pression forte, mais stable et prévisible, tandis que la contrainte marchande est variable et imprévisible. Si les opérateurs n'ont pas la possibilité d'anticiper les événements, de prévoir les ajustements, de choisir les bonnes postures de travail et d'expérimenter les bons outils, ils se trouvent plonger dans des situations de précipitation et d'improvisation qui accroissent les pressions et intensifient le travail. Or, ce sont les formes hybrides d'intensification du travail qui ont connu la plus forte croissance entre 1984 et 1998.

Comme Valeyre le soulignait plus haut pour les salariés industriels, toutes les contraintes de rythme ont connu une forte croissance de 1984 à 1998, passant souvent du simple au double. C'est particulièrement vrai pour les contraintes industrielles qui atteignent près de 70 % des ouvriers et qui rejoignent maintenant d'autres catégories professionnelles jusqu'ici épargnées (Cartron, 2004). Pour la même période, le nombre de personnes touchées par les contraintes marchandes passe de 28 % à 54 %, et 40 % des ouvriers y sont exposés en 1998 par rapport à 15 % en 1984. Ce sont surtout les cadres, les professions intermédiaires et les employés, à hauteur de 60 % en 1998, qui sont touchés par les contraintes marchandes. En somme, même si les contraintes industrielles augmentent chez les ouvriers, ceux-ci sont de plus en plus exposés aux contraintes marchandes, tandis que les contraintes industrielles rattrapent les cadres, les professions intermédiaires et les employés traditionnellement plus touchés par les contraintes marchandes.

C'est donc le phénomène de la double contrainte, principalement de la combinaison des formes industrielle et marchande, qui a connu la plus forte croissance durant la période concernée. La double contrainte touchait 4 % des salariés en 1984, pour atteindre 27 % en 1998[1]. Cette hausse de l'amalgame des formes de contraintes touche toutes les catégories d'emploi de façon comparable, à l'exception des employés dont le niveau de cumul s'est stabilisé depuis 1991, et explique la tendance à une certaine égalisation du cumul des contraintes entre les catégories professionnelles. Par exemple, il y a autant d'ouvriers que de membres des professions intermédiaires qui subissent les effets d'une double contrainte. Enfin, notons que la double contrainte affecte davantage les hommes (30 %) que les femmes (24 %), les jeunes (30 %) que les salariés plus âgés (23 %). Ces différences s'expliquent par les types d'emploi occupés, les politiques d'embauche, les pratiques de sous-traitance et les règles de protection sociale et syndicale en vigueur dans les différents établissements.

L'hypothèse des effets de l'intensification du travail sur les conditions de travail des salariés est confirmée par différentes études dont celle de Cartron et Gollac (2006) soumise au colloque *Organisation, intensification du travail, qualité du travail* tenu en 2002. Les contraintes industrielles

---

[1] Il ne faut pas confondre la notion de cumul des contraintes avec le phénomène de la double contrainte discutée ici. Il y a cumul de contraintes quand un salarié déclare subir plus d'une contrainte, quelle qu'en soit la nature. Il peut donc s'agir de deux contraintes industrielles, par exemple. Ainsi, pour la période considérée, la proportion de salariés qui déclarent subir plus de deux contraintes est passée de 12 % à 42 %. Le phénomène de la double contrainte suppose l'amalgame des formes de contraintes industrielle, marchande et événementielle.

attribuables aux normes de production, aux cadences des machines, au déplacement automatique des pièces ou des produits et à la surveillance hiérarchique dégradent les conditions de travail ressenties par les salariés. Les normes de qualité et de quantité ont une incidence sur les risques et la pénibilité psychologique du travail. Les modes traditionnels de contrôle du travail par les collègues ou par la hiérarchie sont associés, presque sans exception, à une perception négative des conditions physiques et psychologiques de travail. Parmi les contraintes marchandes, les contacts avec le public et avec les clients sont corrélés à une détérioration significative de la plupart des conditions de travail, particulièrement avec les pénibilités physiques et psychologiques du travail. Les contraintes événementielles qui consistent à effectuer des réparations urgentes dans des conditions pénibles et au cours desquelles les risques d'accident sont réels entraînent une dégradation importante des conditions de travail. La requalification professionnelle associée à ces tâches s'accompagne donc de conditions de travail pénibles et dangereuses.

Enfin, d'autres études démontrent les effets de l'intensification du travail sur le stress professionnel, tandis que l'autonomie au travail et le soutien collectif atténuent les risques d'anxiété et de surcharge mentale. Par contre, l'autonomie peut être associée à une organisation du travail défaillante ou entravée par des procédures, ce qui a pour effet d'en réduire les effets bénéfiques. La possibilité de coopérer est associée à de meilleures conditions de travail, tandis que les instructions contradictoires ou les objectifs difficilement conciliables détériorent fortement les conditions de travail. L'obligation d'interrompre une tâche pour une autre jugée plus urgente et les changements de postes augmentent la charge de travail tandis que les changements d'horaires entraînent des conséquences sur la vie sociale et familiale.

Travailler sous pression, quelquefois dans l'improvisation, répondre à des demandes variables et urgentes, respecter simultanément des normes de qualité et de quantité, faire preuve d'autonomie sous le contrôle hiérarchique et prendre des initiatives sous le regard vigilant du client ou du public accentuent l'intensité du travail et en dégradent les conditions. Il est rare que l'organisation prévoie les temps d'adaptation des salariés à leurs nouvelles tâches. Le travail réel est souvent différent du travail prescrit, et la non-prise en compte de cette différence contribue à accroître la charge de travail. Les appels à l'engagement personnel et à l'implication volontaire des salariés tentent d'occulter les carences organisationnelles et à faire oublier la non-reconnaissance du travail réel, tout en valorisant les compensations symboliques d'un travail bien fait malgré tout.

2. L'identité professionnelle et l'éthique de service comme remparts à l'intensification du travail

Le constat établi au paragraphe précédent s'applique parfaitement au travail des soignants du milieu hospitalier où la non-prise en compte des exigences de leurs tâches est jumelée à un manque d'organisation. C'est la conclusion à laquelle arrivent Raveyre et Ughetto (2006) à la suite des enquêtes qu'ils ont menées dans ce secteur. La perspective psychodynamique qu'ils adoptent place la subjectivité des acteurs au centre de leur analyse et fait des identités professionnelles et de l'éthique de service des soignants des instances de médiation et de rationalisation psychologique des contraintes organisationnelles et des effets de l'intensification du travail.

Abandonnant les approches en termes de modèles productifs et de formes d'intensification du travail construites à partir de combinaisons de variables statistiques, Raveyre et Ughetto proposent d'appréhender les situations de travail sous l'angle des activités réellement déployées, telles que l'observation directe les révèle. L'organisation n'est plus définie comme une structure externe et objective, mais comme une composante avec laquelle les employés interagissent en fonction des contraintes qui pèsent sur eux et de leur propre conception de la qualité des soins. Habituellement appréhendée sous l'angle des contraintes, l'organisation peut donc être envisagée comme une structure d'appui aux services fournis et un soutien au travail des intervenants, plutôt qu'une entrave à leur action. Elle peut aussi favoriser l'entraide et le partage d'expertise et faciliter les échanges tout en créant un environnement professionnel stimulant. Or, les deux chercheurs décrivent plutôt un cadre organisationnel aveugle aux nouvelles exigences des pratiques professionnelles et qui demeure insensible au besoin de soutien des soignants. En fait, l'organisation semble paralysée par le poids des procédures, et l'ampleur des attentes des patients et des familles incite les dirigeants à lancer des appels répétés au dépassement de soi comme solution à la pénurie de moyens.

Il faut savoir que l'amélioration des technologies, les nouveaux protocoles de traitement, les procédures administratives, l'enregistrement des actes, les demandes d'explication des patients et des familles accroissent la charge de travail des soignants. À cette complexification de leur tâche s'ajoutent les effets des politiques de gestion des ressources humaines et des rationalisations de ressources qui augmentent l'intensification du travail. D'où l'impression, largement partagée par les soignants, de travailler dans l'urgence constante, et la frustration qu'ils éprouvent de ne pouvoir effectuer leur travail selon l'idée qu'ils se font d'une intervention professionnellement satisfaisante. Du coup, ils s'en prennent à l'organisation qui leur semble défaillante, dénoncent les contraintes administratives qui leur apparaissent trop lourdes et souvent inutiles, et éprouvent des difficultés à gérer la charge relationnelle qui envahit leur champ de pratique. Cette surcharge de travail comprime le temps disponible et gruge l'énergie qu'ils n'ont plus à consacrer aux soins des patients. Les efforts d'attention requis par les nouvelles techniques d'intervention et ceux consentis pour respecter les exigences administratives, relationnelles et professionnelles sont assumés par les soignants dans le silence du dévouement. Or, le fait de prendre sur soi et de répondre malgré tout aux exigences des tâches fait en sorte que la surcharge de travail qui les affecte et les insuffisances organisationnelles dont ils supportent le fardeau demeurent un impensé qui, faute de correction, pousse les intervenants au dépassement de soi jusqu'à la limite de l'épuisement et de la tolérance psychologique.

C'est donc dans ce cadre organisationnel handicapé par le manque de moyens et la lourdeur des règles que les identités professionnelles et l'éthique de service interviennent. En s'interposant entre l'organisation et les patients, elles rendent possible une pratique professionnelle exigeante qui tente de répondre aux besoins des patients en invitant les soignants à assumer les lacunes organisationnelles au prix d'une surcharge de travail. Pour ce faire, elles pondèrent l'urgence des situations et invitent à composer avec la pénurie de moyens, tout en assurant la qualité des interventions. Elles servent de médiation entre les attentes des patients et l'offre de services, et rendent professionnellement acceptables les gestes posés, surtout quand les interventions sont faites au nom du bien-être du patient. Elles contribuent à supplier aux insuffisances organisationnelles et à la pénurie de moyens et rendent supportables les tensions que le travail génère. Elles jouent donc un rôle d'amortisseur des tensions en adoucissant les rigueurs de l'intensification du travail et en atténuant les effets délétères sur les salariés des dysfonctionnements organisationnels. En contrepartie, leur force de mobilisation fait en sorte que les défaillances organisationnelles perdurent, et qu'en se reproduisant, elles maintiennent la pression sur les intervenants. Le stress continue donc d'augmenter et la fatigue devient chronique, alors que les lacunes organisationnelles demeurent.

En somme, les représentations collectives influencent la perception des situations et s'interposent entre l'intensification objective du travail et les sensations de fatigue, de stress et de presse que l'absence de soutien organisationnel amplifie. Par la fierté du métier qu'elles expriment et les valeurs de compassion et de dévouement qu'elles véhiculent, les identités professionnelles et l'éthique de service ont pour effet de réduire les tensions et d'atténuer les frustrations à l'égard de l'incomplétude des actes posés. Ce faisant, elles maintiennent sous le boisseau les défaillances organisationnelles et contribuent, involontairement, à maintenir la pénibilité du travail, tant aux plans physique que psychologique.

Conclusion

Sans prétendre couvrir l'ampleur du sujet, ce chapitre se proposait d'associer l'intensification du travail à l'organisation du travail et d'identifier ses effets sur les conditions de travail des salariés et la performance des entreprises. La recherche de Raveyre et Ughetto présente l'avantage de rappeler que l'organisation est un construit social. Elle n'est donc pas une structure indépendante de l'action et n'est pas naturellement contraignante. La présence d'identités professionnelles fortes et d'une éthique de service partagée peut atténuer les effets délétères des lacunes organisationnelles. L'entraide professionnelle et le travail collectif contribuent à réduire les tensions et donnent l'impression aux soignants qu'ils font face à la situation, malgré la surcharge de travail qu'ils éprouvent. Mais, la problématique que ces deux auteurs soulèvent peut être inversée en se demandant si le manque d'organisation n'est pas un mode de gestion et de mobilisation des ressources. Interprétés à partir de cette hypothèse, l'autonomie concédée et les appels à l'engagement personnel et au dépassement de soi lancés par les directions se comprendraient aisément. L'éthique professionnelle remplirait alors la fonction d'une idéologie de mobilisation, qui laisserait volontairement dans l'ombre les lacunes organisationnelles, pour valoriser l'intervention à tout prix et favoriser l'atteinte d'objectifs, qui autrement seraient inaccessibles.

Ce chapitre pourrait laisser croire aussi que l'intensification du travail n'a que des effets négatifs sur les salariés, ce qui n'est pas toujours le cas. Par exemple, elle n'est pas nécessairement associée à la déqualification du travail. Gollac et Volkoff (2001) affirment que c'est plutôt l'inverse qui est observé, puisqu'elle est liée à une complexification des tâches et à une plus grande autonomie qui requiert des compétences élargies. Elle n'est pas non plus toujours mal ressentie comme en témoignent les phénomènes d'engagement personnel et d'implication de soi. Sans insister sur le caractère euphorisant des cadences, l'intensité du travail peut avoir un effet stimulant sur les employés dont les capacités sont fortement sollicitées. Mais, si elle n'est pas incompatible avec un certain épanouissement au travail, elle demeure pour Gollac et Volkoff un facteur de fragilisation des salariés qui à tout moment peuvent atteindre leur seuil de tolérance et basculer dans la souffrance.

Enfin, ce chapitre n'a pu faire état de toutes les causes de l'intensification du travail. Celles-ci sont nombreuses et insuffisamment étudiées aux dires de maints spécialistes. En particulier, les facteurs macro-sociaux sont rarement pris en compte par les enquêtes statistiques. La segmentation des marchés de l'emploi (les jeunes sont davantage touchés par l'intensification du travail, les femmes moins que les hommes), les impératifs financiers, le rôle des dirigeants, le choix des stratégies des entreprises et les modes de gestion des ressources humaines influencent certainement l'intensification du travail. Ces aspects sont malheureusement moins étudiés, d'où l'importance de poursuivre les recherches sur l'intensification du travail.

QUATRIÈME PARTIE
IMPACTS DES DISPOSITIFS ORGANISATIONNELS ET CONFIGURATIONS DE L'ENTREPRISE FLEXIBLE

Dans la course à la concurrence et à l'adaptation aux variations de la demande, les entreprises ont introduit de nouveaux dispositifs organisationnels visant à améliorer leur performance et leur flexibilité. Deux stratégies encadrent leur déploiement : soit la concurrence par la réduction des coûts et l'utilisation maximale des facteurs de production ; soit la concurrence par la qualité qui mise sur le développement de la main-d'oeuvre et une production mieux ajustée à l'évolution des marchés. Si ces dispositifs organisationnels influencent la performance des entreprises, ils affectent également les salariés en augmentant leur charge de travail, surtout dans des situations où il y a cumul de contraintes engendré par leur usage simultané.

L'agencement de ces dispositifs organisationnels et les contraintes qui y sont rattachées façonnent de nouveaux systèmes productifs, tant dans le secteur de la production des biens industriels que dans celui des services. L'interprétation à donner à ces arrangements organisationnels a alimenté des débats passionnés sur le dépassement du taylorisme. Un consensus semble se dessiner autour de l'émergence d'une entreprise flexible dont l'organisation oscille entre une forme adaptée à la volatilité des marchés et qui est en mesure de résoudre les problèmes de productivité associés à l'utilisation des nouvelles technologies, et une forme de type néo-libéral qui répond aux contraintes financières et commerciales en les répercutant sur les salariés.

QUATRIÈME PARTIE
IMPACTS DES DISPOSITIFS ORGANISATIONNELS ET CONFIGURATIONS DE L'ENTREPRISE FLEXIBLE

I
Dispositifs organisationnels, charge mentale du travail et performance des entreprises

Introduction

Pressées par la demande des marchés et les exigences des clients et stimulées par la concurrence internationale, les entreprises, tant européennes qu'américaines, revoient à partir des années 80 leur mode de fonctionnement et procèdent à des restructurations plus ou moins inspirées du modèle toyotiste. Flexibiliser l'organisation du travail et accroître la polyvalence des travailleurs, alléger les structures hiérarchiques et rapprocher les services fonctionnels de la production sont pour les entreprises des stratégies gagnantes. À l'instar de l'abolition des frontières commerciales et du décloisonnement des marchés, les entreprises laissent jouer la pression des marchés à l'interne et renversent leur logique productive. L'aval commande l'amont, et le modèle contractuel des relations commerciales s'applique aux échanges au sein des entreprises entre les services, les segments de la production et les sous-traitants. Il est alors demandé aux uns et aux autres de livrer en juste à temps leurs produits et services.

Deux stratégies de croissance, qui en théorie sont opposées, mais qui peuvent se compléter dans la pratique, guident les efforts de restructuration des entreprises. Une première stratégie basée sur la lutte à la concurrence par la réduction des coûts vise à maximiser l'utilisation des facteurs de production en rationalisant les processus, en formalisant les procédures et en intensifiant le travail. L'objectif de réduction de la masse salariale passe alors par l'allègement des structures organisationnelles et hiérarchiques et induit une augmentation de la polyvalence des salariés qui assure aux entreprises la flexibilité recherchée. La deuxième stratégie, dite de concurrence par la qualité, vise plutôt à répondre aux exigences des marchés et aux attentes de la clientèle dont la demande est de plus en plus volatile. Elle mise davantage sur le potentiel de développement des ressources internes des entreprises dont celui de la main-d'œuvre, et cherche à améliorer la qualité et la diversité des biens et des services offerts afin de suivre de plus près l'évolution des marchés et de répondre le plus rapidement possible aux besoins des clients.

Dans un cas comme dans l'autre, les efforts d'adaptation des entreprises à un environnement en évolution et au sein duquel la demande est de moins en moins contrôlée donnent lieu à de multiples chantiers organisationnels où les réformes se succèdent à grande vitesse et font appel à une gamme variée de dispositifs organisationnels. Mais ces dispositifs ont des effets différents sur les résultats des entreprises et la charge mentale du travail[1]. Si on convient, par exemple, que la production en

---

[1] La charge mentale du travail est définie par un ensemble de coûts psychologiques et physiologiques que l'individu assume au travail et qui découlent de son activité. Elle est constituée d'une composante cognitive et d'une composante psychique. La charge cognitive résulte de la sollicitation et de l'utilisation des capacités et des processus mentaux des individus dans l'exercice de leur activité professionnelle : effort d'attention et de concentration, mémorisation et traitement des informations, prise de décisions, etc. La composante psychique réside dans la confrontation du travailleur à sa tâche, confrontation qui entraîne des coûts psychologiques. Ceux-ci s'expriment en termes de sentiment de responsabilité, de crainte d'erreur, d'estime de soi malmenée ou d'astreintes psychologiques découlant des relations avec les supérieurs, les collègues et les clients. Si à la charge mentale on ajoute les pénibilités physiques du travail, on obtient la charge totale du travail. Les pénibilités physiques du travail résultent de la manipulation de charges lourdes et de l'exposition au bruit, aux vibrations,

juste à temps et les pratiques de maintenance préventive améliorent la performance économique des entreprises, elles entraînent également une intensification du travail et exigent des travailleurs une plus grande polyvalence. Or, l'intensification du travail et la polyvalence augmentent le poids des tâches et engendrent une surcharge de travail.

Les coûts constitutifs de la charge mentale du travail sont donc étroitement associés aux dispositifs organisationnels mis en œuvre et aux contraintes du travail qu'ils induisent. Parmi les conditions de travail les plus souvent citées en lien avec la charge mentale du travail, l'intensité du travail, mesurée par les contraintes de temps et de rythme et l'absence de support professionnel de la part des collègues et de la hiérarchie, occupe une place importante. Du point de vue de la charge mentale du travail, l'autonomie des salariés est une arme à deux tranchants. Si elle permet aux salariés d'ajuster leur tâche à leurs capacités physiques et intellectuelles et qu'elle facilite la gestion des contraintes de temps et de rythme en fonction des ressources de l'organisation, elle entraîne simultanément une augmentation des responsabilités et une obligation de résultat qui accroissent la charge mentale du travail.

Ce chapitre n'a pas la prétention de répondre à toutes les questions que ces lignes soulèvent, mais se propose plus modestement de mesurer les impacts des nouveaux dispositifs organisationnels sur les performances des entreprises industrielles françaises et d'évaluer la charge mentale du travail qu'ils engendrent chez les salariés. L'étude statistique de Janod et Saint-Martin (2003) mesure les effets sur les performances des entreprises industrielles des changements organisationnels, tandis que les enquêtes sur les *Conditions de travail* menées par la DARES permettent de quantifier la charge mentale du travail

---

au froid, à la chaleur, à la poussière, aux produits chimiques et biologiques, etc.

que les nouveaux procédés organisationnels entraînent. Parce que l'informatique fournit les logiciels utilisés dans plusieurs dispositifs organisationnels et qu'elle est souvent à la base des équipements productifs utilisés, dont les machines-outils à commande numérique, une analyse comparative des conditions de travail des salariés informatisés et non informatisés a été retenue. Cette analyse souligne les effets apparemment contradictoires de l'utilisation de l'informatique qui, malgré son caractère moderne, s'accommode bien des modalités tayloriennes d'organisation et accroît de façon significative la charge mentale du travail des salariés informatisés.

1. Dispositifs organisationnels et charge mentale du travail

Visant à mesurer l'ampleur des transformations organisationnelles effectuées par les entreprises industrielles françaises entre 1994 et 1997, l'enquête sur les *Changements Organisationnels et l'Informatisation* de 1997 menée en collaboration avec la DARES identifie treize dispositifs organisationnels. À la suite de Greenan et Hamon-Cholet (2000), il est possible de regrouper ces dispositifs en quelques catégories définies en fonction des objectifs de restructuration poursuivis par les entreprises.

Parmi les dispositifs organisationnels les plus fréquemment rencontrés, quatre visent à améliorer l'efficacité des processus productifs et à accroître la qualité des produits. Les *certifications ISO* et les *démarches de Qualité Totale* vont dans ce sens, de même que les outils d'analyse de la valeur ou des modes de défaillance. En 1997, 34 % des entreprises industrielles françaises sont certifiées ISO et 28 % sont inscrites dans une démarche de Qualité Totale. La pression de la demande et les exigences de la clientèle impulsent des *dispositifs de production et de livraison en juste à temps* qui imposent une réduction des stocks et des délais serrés. Près du tiers des entreprises (30 %) déclarent produire ou livrer en juste à temps et 43 % fixent ces mêmes exigences à leurs fournisseurs. Les *dispositifs de pseudo-marchés* qui reposent sur l'autonomie des unités organisationnelles transforment des segments de la production en centre de profits et instaurent des relations contractuelles entre les composantes des entreprises. En introduisant des mécanismes de marché dans les transactions internes, les entreprises visent également à réduire les coûts et à améliorer l'efficience des ressources. Un cinquième des entreprises industrielles (19 %) affirme être organisé en centres de profit et 23 % recourent à des contrats du type client / fournisseur pour régulariser leurs échanges internes. Enfin, les travailleurs sont mis à contribution en améliorant leur polyvalence et en formant des *groupes de travail plus ou moins autonomes* qui assument des tâches enrichies résultant de transferts de responsabilités, eux-mêmes induits par la réduction des niveaux hiérarchiques et des effectifs fonctionnels.

Sur la base d'une étude comparative des données des enquêtes *Changements Organisationnels et l'Informatisation* de 1997 et *Conditions de travail* de 1998[1], Greenan et Hamon-Cholet (2000) démontrent que les dispositifs de qualité (notamment la norme ISO) et les dispositifs de marché (centres de profit, contrats clients / fournisseur) ont relativement peu d'impact sur la charge mentale du travail, malgré les changements qu'ils apportent au contenu des tâches. Il faut plutôt se tourner vers les pratiques de production et de livraison en juste à temps pour constater un tel effet par l'accroissement des rythmes de travail, la pression temporelle, le travail répétitif et la surveillance hiérarchique qu'elles induisent. Par ailleurs, le cumul des contraintes est un bon facteur prédictif de la charge mentale du travail. Pour l'instant, attardons-nous aux indicateurs de la charge mentale du travail obtenus par les réponses à ces enquêtes, et tentons de les mettre en relation avec certaines conditions de travail et dispositifs

---

[1] Ces enquêtes ont donné lieu à plusieurs publications auxquelles ce chapitre emprunte certaines données.

organisationnels afin d'expliquer la hausse quasi systématique qu'ils ont enregistrée entre 1991 et 1998.

Hamon-Cholet (2004) regroupe en quelques catégories les indicateurs de la charge mentale du travail. La première est le *sentiment d'urgence* que les salariés éprouvent au travail. Il est mesuré par l'impression qu'ils ont de devoir constamment se dépêcher, de manquer de temps pour effectuer correctement leur travail, de devoir fréquemment abandonner une tâche pour une autre plus pressante, et par l'obligation de répondre à des délais de plus en plus serrés. Plus de la moitié des salariés en 1998 déclarent qu'ils doivent toujours ou souvent se dépêcher au travail, et le quart affirme manquer de temps pour effectuer correctement leur tâche. Ils sont 43 % à affirmer devoir respecter des délais d'une journée en 1998 contre 38 % en 1991. Les taux sont respectivement de 23 % et 16 % chez les salariés confrontés à des délais de l'ordre de l'heure et plus de la moitié déclarent devoir répondre immédiatement à une demande extérieure contre 46 % en 1991 et un peu plus du quart en 1984. Si cette dernière pression s'exerçait principalement sur les employés, les cadres et les professions intermédiaires durant les années 80, elle atteint dans les années 90 les ouvriers. La perception croissante de cette pression de la demande peut être attribuable aux pratiques de sous-traitance dans la grande industrie et à la généralisation de la relation client / fournisseur au sein des entreprises. Les systèmes de production et de livraison en juste à temps imposent également des contraintes de temps et de délais aux ouvriers et accentuent la surveillance de la hiérarchie. Ces pressions temporelles et hiérarchiques ont évidemment pour effet d'accroître la charge mentale du travail.

La deuxième catégorie d'indicateurs de la charge mentale du travail est constituée des *pressions mentales* que les salariés subissent au travail. Six salariés sur dix en 1998 disent craindre une sanction disciplinaire (risque pour l'emploi, diminution de la rémunération) contre 46 % en 1991, et la moitié est préoccupée par les conséquences financières sur l'entreprise d'une erreur de leur part comparativement à 44 % en 1991. Ce sont les indicateurs qui ont le plus progressé entre les deux dates. Les salariés du secteur privé sont évidemment les plus concernés par ce facteur de stress et les trois quarts des cadres et des membres des professions intermédiaires de ce secteur déclarent être préoccupés par cet aspect de leur travail. Le sentiment de responsabilité s'étend également à la qualité des produits et des services et interpelle près des deux tiers des salariés en 1998 par rapport à 60 % en 1991. Les ingénieurs, les agents de maîtrise, les techniciens et les ouvriers qualifiés sont les salariés les plus sensibles à cet aspect de la charge mentale du travail avec les salariés du secteur de la santé, du travail social et des forces armées, catégories pour lesquelles la composante professionnelle de la tâche est importante (Cézard, Hamon-Cholet, 1999). Or, ce sentiment de responsabilité est à mettre en parallèle avec la montée de l'autonomie des salariés dans les organisations et son corollaire obligé, la polyvalence. L'obligation d'assumer une tâche enrichie et d'être à la hauteur des responsabilités confiées sollicite davantage les capacités cognitives et accroît la charge mentale du travail. Les politiques d'individualisation des objectifs et d'évaluation des performances individuelles appliquées par les services de gestion des ressources humaines accentuent ce sentiment de responsabilité et expliquent la hausse importante de la crainte de sanctions disciplinaires chez les salariés, toutes catégories professionnelles confondues.

La réception *d'ordres contradictoires* accroît la pression mentale au travail et affecte 35 % des salariés en 1998. Par contre, la moitié des cadres, 46 % des membres des professions intermédiaires et 58 % des contremaîtres affirment en subir les contrecoups. Cet indicateur de la charge mentale du travail est donc fonction de la position hiérarchique et des responsabilités assumées par les concernés, et est corrélé aux tensions perçues avec les collègues, la direction et le fait de devoir se débrouiller seul, même en cas de difficulté.

L'autonomie accordée à l'encadrement a donc un prix et l'allègement des structures hiérarchiques exerce un poids significatif sur la charge mentale du travail de ces salariés. La position d'intermédiaire que ces groupes occupent entre la direction et les exécutants n'est sans doute pas étrangère à la surcharge de travail qu'ils ressentent.

Parmi les indicateurs de la charge mentale du travail associée au fonctionnement des collectifs de travail, mentionnons *l'insuffisance de la collaboration* qui est relevée par le quart des salariés en 1998 par rapport à 21 % en 1991. Le manque de moyens pour effectuer le travail (temps, informations et collaboration) est particulièrement bien corrélé aux tensions ressenties avec la hiérarchie et avec les collègues de travail. Moins les salariés disposent de ressources, plus les tensions sont vives. Ainsi, 22 % des salariés qui disposent de moyens appropriés éprouvent des tensions avec la hiérarchie comparativement à 55 % des salariés qui ne disposent pas de moyen. Les taux correspondants pour les tensions perçues avec les collègues sont respectivement de 17 % et de 41 %. La raison en est que la politique de réduction des coûts entraîne une planification serrée des ressources, et ce sont les ingénieurs et les agents de maîtrise qui se plaignent le plus de ces restrictions. Le secteur public n'est pas à l'abri de ces pratiques d'allocation du personnel au plus juste, et plus du tiers des salariés des hôpitaux, des services sociaux et des banques affirment manquer d'employés pour effectuer correctement leur travail.

Les *astreintes d'attention et de concentration* au travail affectent entre 12 % à 26 % des différentes catégories de salariés en 1991, pour atteindre des taux variant entre 13 % et 32 % en 1998. Or, la vigilance soutenue est propre au monde industriel et 54 % des ouvriers déclarent qu'ils ne peuvent pas quitter leur travail des yeux. Ce taux grimpe à 62 % chez les ouvriers et les employés dont le travail est répétitif et soumis à des cycles courts, caractéristiques de la production en juste à temps. Les camionneurs, les policiers, les personnels de la santé et les salariés informatisés sont aussi assujettis à des astreintes visuelles ou sonores.

Parce que les organisations amalgament des exigences de qualité et de quantité et qu'elles poursuivent des objectifs de réduction des coûts en même temps qu'elles souhaitent accroître leur performance, les salariés sont de plus en plus souvent confrontés à des cumuls de contraintes. Par exemple, des délais de temps sont combinés à des contraintes de rythme, les pressions des clients s'ajoutent à celles de la hiérarchie, et l'amélioration de la qualité doit se faire à l'intérieur de normes budgétaires strictes. Les spécialistes parlent d'hybridation des contraintes industrielles (rythme de travail, normes de production) et des contraintes marchandes (exigence de qualité, diversité des produits, respect des délais) pour expliquer l'intensification du travail et la hausse de sa charge mentale. Ainsi, de 1984 à 1998 la proportion de salariés qui déclarent subir plus de deux contraintes de travail différentes est passée de 12 % à 42 %. Chez les ouvriers, cette proportion a grimpé de 16 % à 52 % et est passée de 10 % à 38 % chez les employés. Le cumul des contraintes chez les cadres passe de 8 % à 29 % et de 9 % à 40 % chez les professions intermédiaires durant la même période. Or, le fait de cumuler plus de deux contraintes influence les indicateurs de la charge mentale du travail. Près de deux salariés sur trois qui sont aux prises avec une situation de cumul de contraintes déclarent abandonner fréquemment leur travail pour effecteur une autre tâche plus urgente contre la moitié des salariés qui ne subissent qu'une seule contrainte. Ils sont aussi 32 % à déclarer manquer de temps pour effectuer correctement leur travail contre 20 % des salariés qui subissent une seule contrainte. Semblablement, 42 % des salariés qui subissent plus de deux contraintes déclarent ne pas quitter leur travail des yeux contre 25 % des salariés moins contraints.

Quoique nouvellement quantifiée, la charge mentale du travail est une réalité dont l'appréhension par les salariés ne laisse aucun doute quant à son étendue objective et à l'intensité de sa perception. Elle constitue un fait majeur de la réalité contemporaine du travail et est étroitement associée aux nouveaux modes d'organisation du travail. Elle n'est pas étrangère non plus au recours fréquent aux nouvelles technologies dont celles de l'information et de la communication, comme en témoigne la prochaine étude.

2. Comparaison de la charge de travail entre les salariés informatisés et non informatisés

Cézard, Dussert et Gollac (1992) analysent les effets de l'informatisation sur les conditions de travail à partir des données d'une enquête conçue par le Service des Études et de la Statistique du ministère du Travail et réalisée en 1991 par l'INSEE auprès de vingt mille travailleurs. Les résultats de cette grande enquête permettent de comparer les conditions de travail des salariés qui utilisent l'informatique avec celles des non utilisateurs, toutes catégories socioprofessionnelles et secteurs d'activités confondus. Si l'informatisation permet de régulariser les procédures et de formaliser les opérations, elle engendre simultanément d'autres contraintes qui accroissent la charge mentale du travail des salariés informatisés. C'est donc une nouvelle combinaison d'éléments apparemment contradictoires que les chercheurs présentent. Le travail des salariés informatisés comparé à celui des salariés non informatisés est plus autonome, permet plus d'initiatives et de réactivité, facilite les échanges, surtout les échanges horizontaux, mais augmente les contraintes de temps, de délais et de normes. Les exigences de la demande, la pression des collègues et la surveillance de la hiérarchie sont ressenties plus fortement. Au total, les salariés informatisés déclarent supporter une charge de travail accrue et subir plus de stress que leurs confrères non informatisés.

Près de 60 % des salariés informatisés par rapport à 40 % des salariés non informatisés affirment que le rythme de leur travail dépend d'une demande extérieure qui exige une réponse immédiate, et 59 % d'entre eux par rapport à 43 % des salariés non informatisés déclarent abandonner fréquemment leur tâche pour effecteur un autre travail non prévu. L'enquête confirme, par ailleurs, que l'utilisation de l'informatique s'accompagne d'un déploiement de nouvelles compétences dont l'usage intensif et sur de longues périodes augmente la charge de travail et accroît les astreintes psychologiques. Par exemple, le tiers des ouvriers utilisant l'informatique doit faire constamment attention à des signaux visuels ou sonores imprévisibles contre 20 % environ des ouvriers non informatisés. Ils se disent également plus stressés parce qu'ils sont plus conscients des conséquences d'une erreur de leur part sur la qualité des produits (68 % par rapport à 56 %) et sur les finances de l'entreprise (55 % par rapport à 39 %).

Plus responsables, les salariés informatisés sont également plus autonomes dans leur travail. Ils sont 87 % à affirmer pouvoir choisir eux-mêmes la façon d'atteindre les objectifs qui leur sont assignés contre 77 % chez les salariés non informatisés. Près de 60 % d'entre eux règlent eux-mêmes les incidents qui surviennent contre seulement 45 % chez leurs homologues non informatisés, et cet écart est davantage marqué chez les ouvriers et les employés de commerce. Mais cette autonomie dans le travail n'empêche pas le contrôle hiérarchique de s'exercer, et l'utilisation de l'informatique s'accommode fort bien des contraintes de rythme et de délais. Les salariés d'exécution, par exemple, doivent respecter autant que leurs homologues non informatisés des normes strictes de qualité et de quantité, et les ouvriers qualifiés comme les employés de commerce sont astreints à un plus fort contrôle hiérarchique.

L'utilisation de l'informatique favorise donc la rationalisation des ressources et améliore l'efficience des moyens tout en répondant aux exigences de flexibilité organisationnelle des entreprises. En effet, la souplesse de l'informatique permet d'ajuster plus facilement la production aux fluctuations des marchés et constitue, aux dires des chercheurs, un instrument d'harmonisation des logiques industrielle et marchande. Mais cela se fait au prix d'un contrôle plus serré des activités, d'une pression accrue sur les salariés et d'une surcharge de travail. Bref, si l'informatique facilite la pénétration de la logique marchande dans l'organisation, celle-ci reste taylorienne pour l'essentiel et ne fournit plus aux salariés le rempart qu'elle offrait anciennement contre les contraintes extérieures. Ces contraintes se répercutent donc plus directement sur les salariés.

3. Impact des dispositifs organisationnels sur les performances des entreprises industrielles

Contrairement aux recherches précédentes centrées sur les effets de l'usage de l'informatique sur la charge de travail des salariés informatisés, l'étude statistique de Janod et Saint-Martin se propose d'en mesurer les effets sur la performance des entreprises industrielles. Mais, la mise en évidence d'une relation causale est difficile à établir et les études antérieures menées sur cette question arrivent à des résultats mitigés. C'est donc en explorant cette relation à l'aide de méthodes statistiques sophistiquées (méthodes d'appariement appropriées au multitraitement) et en partant des données *volet entreprises* de l'enquête sur les *Changements Organisationnels et l'Informatisation* (COI) de 1997 et des comptes nationaux des entreprises commerciales (DIANE) pour la période 1995-1999, que les deux spécialistes parviennent à démontrer l'impact des changements organisationnels sur les performances économiques des entreprises industrielles françaises de la fin des années 90.

L'enquête COI de 1997 démontre que plus de quatre entreprises industrielles sur cinq recourent à l'un ou l'autre des treize dispositifs organisationnels identifiés et que la majorité d'entre elles (63.8 %) utilisent au moins deux de ces dispositifs. Même si les dispositifs organisationnels sont exploités en groupe, aucune configuration particulière ne ressort clairement de l'analyse de leur combinaison. Pour procéder à l'estimation des effets des dispositifs organisationnels, les chercheurs ont formé deux groupes d'entreprises en fonction de l'utilisation qu'elles en font. Le premier groupe est formé des entreprises réorganisées qui recourent à plus de deux dispositifs organisationnels, alors que le deuxième groupe des entreprises dites non réorganisées en utilise moins de deux.

Une analyse comparative des deux catégories d'entreprises permet d'identifier quelques facteurs qui influencent le recours à ces nouveaux dispositifs organisationnels. Il appert que les entreprises dites réorganisées opèrent dans un environnement économique plus instable caractérisé par une concurrence plus vive (79 % pour les entreprises réorganisées contre 71.7 % pour les entreprises non réorganisées) et où la demande fluctue de façon plus aléatoire (84 % contre 72.6 %). Elles se distinguent également par un certain nombre de caractéristiques particulières : une taille supérieure à la moyenne, une appartenance plus fréquente à des groupes de propriétaires, une plus forte présence étrangère (18.5 % contre 5.7 %), et le fait qu'elles œuvrent davantage dans les secteurs des biens intermédiaires et des biens d'équipement et moins dans le secteur des biens de consommation (23 % contre 32 %). Enfin, le fait de poursuivre simultanément plusieurs objectifs de qualité, de variété et de diversité reflète une stratégie plus complexe de développement qui justifie le recours à une gamme variée de procédés. Mais, cette stratégie générale de développement ne brise pas l'unanimité constatée chez les deux catégories d'entreprises autour du déploiement d'une stratégie de concurrence par la réduction des coûts que complète, sans s'y opposer, la deuxième stratégie de concurrence par la qualité.

Cela étant établi, les deux auteurs se proposent de mesurer l'impact des dispositifs organisationnels sur le développement des entreprises industrielles aux plans de l'évolution des effectifs, de la rémunération du travail, de la productivité globale des entreprises mesurée par la valeur ajoutée, et sur la productivité des facteurs de production (capital et travail). Cette analyse s'effectue en deux étapes.

Une première analyse des statistiques descriptives indique que les entreprises réorganisées dont la taille est déjà supérieure à celle des entreprises non réorganisées se développent plus rapidement, et que leurs effectifs enregistrent une hausse de près de 4 % entre 1997 et 1999 par rapport à 1.3 % pour les entreprises non réorganisées. La croissance de la productivité du travail des entreprises réorganisées progresse de 11.5 % entre les deux dates comparativement à une hausse de 8.3 % pour les entreprises non réorganisées, alors que la masse salariale des premières augmente de 9.5 % par rapport à 7.8 % pour les secondes. Malgré les performances positives des entreprises réorganisées, la différence de productivité du capital entre les deux groupes d'entreprises reste très faible. Aux dires des deux analystes, les écarts de performance observés entre les deux catégories d'entreprises sont relativement faibles et ne permettent pas d'établir, à cette étape de la recherche, un lien de causalité probant entre le recours aux nouveaux dispositifs organisationnels et les performances des entreprises réorganisées.

Une deuxième analyse statistique effectuée à partir des *estimateurs pondérés et de noyau* nuance les premiers résultats. Ainsi, la croissance des effectifs dans les entreprises réorganisées n'est pas confirmée, tandis que l'effet positif des réorganisations sur la productivité globale des entreprises mesurée par la valeur ajoutée est significatif. La hausse de la productivité du travail, comme la hausse des rémunérations, se trouve également confirmée par les nouveaux estimateurs, tandis que la productivité du capital qui n'apparaissait pas établie clairement dans les premières estimations, trouve ici une confirmation. Ces résultats semblent donc démontrer une détermination significative des performances des entreprises par l'utilisation des nouveaux dispositifs organisationnels.

Ces résultats trouvent une autre confirmation par l'analyse de l'intensité du recours aux dispositifs organisationnels, intensité mesurée par le nombre de dispositifs utilisés. Si l'utilisation d'un seul dispositif n'affecte pas de manière significative la productivité du travail et du capital, l'addition des dispositifs entraîne un effet positif clair. De plus, cette relation se maintient sans qu'il soit nécessaire d'augmenter la quantité des ressources. Autrement dit, la productivité du travail et du capital s'améliore du fait du cumul des dispositifs organisationnels utilisés sans que soit observée une hausse des effectifs et du capital. Les réorganisations améliorent donc les performances des entreprises industrielles par une utilisation plus efficiente des facteurs de production et une meilleure combinaison des dispositifs organisationnels dont les effets s'additionnent. Cette interprétation s'appuie notamment sur la théorie de Milgrom et Robert (1990) qui souligne que l'efficacité des réorganisations dépend de la complémentarité des dispositifs qui, lorsqu'ils font système par leur cohérence, renforcent leur effet respectif.

Malgré les difficultés de démontrer l'existence d'une relation de causalité entre les changements organisationnels et les performances des entreprises, les résultats obtenus par l'étude de Janod et Saint-Martin confirment d'autres résultats de recherches américaines et françaises. L'amélioration de la productivité du travail constatée par Janod et Saint-Martin est conforme à celle observée par Black et Lynch (2001) aux États-Unis et par Caroli et Van Reenen (2001) en France dans les entreprises à main-d'œuvre hautement qualifiée. Moins bien établie, la productivité du capital induite par l'utilisation des dispositifs organisationnels est quand même confirmée par l'étude de Coutrot (1996), tandis que selon Janod et Saint-Martin, la hausse enregistrée de la masse salariale dans les entreprises réorganisées va dans le même sens que celle observée par Askenazy (2002) et Cappelli et Neumark (1999) sur la base des données américaines.

Conclusion

Dans le grand jeu de la concurrence et de la course à l'amélioration des facteurs de production auxquels se livrent les entreprises, plusieurs d'entre elles ont introduit au cours des dernières décennies un nombre impressionnant de dispositifs organisationnels, sans toutefois toujours en mesurer la portée réelle. Si des objectifs d'efficacité et de rendement président à leur installation, leur mise en œuvre par les salariés entraîne un coût social et humain qui se traduit par une augmentation de la charge mentale du travail. Ce chapitre avait pour ambition de préciser les effets sur les entreprises et les salariés de l'introduction de ces nouveaux dispositifs organisationnels, non en référant à des théories susceptibles d'éclairer sous un jour différent leur usage, mais en partant des objectifs que les entreprises leur assignent et de la perception que les salariés ont de leurs effets sur leur charge mentale de travail.

Il ne faut pas conclure de l'analyse des dispositifs organisationnels que les salariés les subissent sans réagir et qu'ils ne peuvent en contrer les effets délétères sur eux-mêmes et sur l'organisation du travail. Au contraire, plusieurs recherches démontrent la capacité des salariés de contourner les effets les plus pénibles des dispositifs organisationnels, et révèlent le pouvoir qu'ils ont encore de résister aux nouvelles formes d'organisation du travail. C'est en effet en puisant dans leurs expériences professionnelles et dans les connaissances qu'ils acquièrent de leur propre fonctionnement qu'ils peuvent atténuer, dans une certaine mesure, les conséquences des facteurs de pénibilité et de stress au travail. L'autonomie dont ils disposent peut faciliter leur adaptation aux contraintes de l'organisation du travail, comme une meilleure collaboration avec les collègues atténue la perception des tensions qu'ils éprouvent avec la hiérarchie ou la clientèle. Les stratégies psychologiques et sociales de résistance au travail peuvent aussi amoindrir la perception des effets des contraintes organisationnelles et permettre aux salariés de surmonter plus facilement l'épreuve du travail.

QUATRIÈME PARTIE
IMPACTS DES DISPOSITIFS ORGANISATIONNELS ET CONFIGURATIONS DE L'ENTREPRISE FLEXIBLE

II
Les configurations organisationnelles de l'entreprise flexible

Introduction

Dans le contexte renouvelé de la mondialisation de la production et des échanges, de la précarisation et du chômage, de la montée en puissance du capital financier et de sa pénétration dans le secteur de la fabrication, la formation de nouvelles configurations organisationnelles et l'émergence éventuelle d'un nouveau modèle dominant suscitent encore beaucoup de débats. On s'entend ordinairement pour définir les nouveaux modèles productifs par trois caractéristiques : premièrement, une production flexible ; deuxièmement, la définition de nouvelles compétences et le recours à la polyvalence et à l'autorégulation des travailleurs au niveau de l'organisation du travail ; troisièmement, au niveau de la gestion de la main-d'œuvre, le transfert des risques et de l'insécurité aux salariés à qui pourtant on demande un investissement accru (Bélanger, Giles, Murray, 2004). Malgré l'autonomie et la polyvalence dont jouissent certains groupes de travailleurs, la production en flux tendu et les pratiques du juste à temps, autant dans les secteurs de la fabrication que dans ceux des services, contraignent trop les salariés pour être qualifiées de post-tayloristes aux dires de maints observateurs. Semblablement, le maintien de la vieille hiérarchisation du pouvoir et de l'ancienne division entre les fonctions d'exécution et de conception du travail contredit trop ouvertement les appels à la participation et à la collaboration des travailleurs pour que ces invitations apparaissent crédibles aux salariés. Bref, parce que la reproduction des anciennes structures organisationnelles des entreprises s'oppose toujours à la démocratisation véritable des lieux de travail, le débat est lancé sur le sens à donner aux ajustements organisationnels en cours et sur leur portée réelle.

Certains spécialistes voient, dans la diversité des transformations actuelles de l'organisation du travail, l'expression de la crise du taylorisme et le reflet de son incapacité à s'adapter aux nouvelles contraintes des marchés et à l'évolution des technologies. Le taylorisme en tant que modèle de productivité aurait atteint ses limites et la nécessité s'impose de réorganiser le travail et l'entreprise selon de nouvelles modalités qui assureraient au travail une performance accrue et à l'entreprise une plus grande flexibilité. Par exemple, Zarifian (1988, 1993) pronostique l'émergence d'un nouveau modèle productif qui reposerait sur le développement des compétences des salariés et la formation de nouvelles équipes de travail polyvalentes, ce qui rendrait les travailleurs aptes à assumer de nouvelles fonctions de gestion. La *firme coopératrice* dont il souhaite l'avènement se caractériserait par le décloisonnement des fonctions, la mise en place de structures transversales, une volonté communicatrice partagée et l'implication des salariés. Les employés et les directions, unis dans un effort commun et horizontalement coordonnés, développeraient une nouvelle dynamique de productivité en valorisant le développement des compétences individuelles et organisationnelles. Pour Veltz (1986), la crise du taylorisme est d'abord économique et technique avant d'être sociale, et le nouvel environnement commercial et financier impose une révision en profondeur des anciens rapports entre la technologie, l'organisation du travail et les structures organisationnelles des entreprises. L'organisation en réseau dont il constate la montée en force vise justement à adapter l'entreprise à la volatilité des marchés et indique la voie à suivre pour résoudre les problèmes d'efficacité productive et de flexibilité organisationnelle. La structure décentralisée de l'entreprise organisée en réseau et l'autonomie de ses unités en font une organisation qui est en phase avec les orientations sociales émergentes qui valorisent l'individualisation identitaire et l'engagement personnel. La première partie de ce chapitre s'attarde à son argumentation.

D'autres analystes plus sceptiques et moins enthousiastes décèlent dans les transformations du travail des traces d'un taylorisme modernisé que Linhart (1991, 1994) qualifie de taylorisme assisté par ordinateur. Elle le décrit comme un système désarticulé entre ses composantes rénovées (participation et rapports sociaux ajustés) et ses éléments inchangés (division entre les fonctions d'exécution et de conception et concentration du pouvoir). Cette évolution asymétrique s'appuie sur un discours participatif qui a pour finalité, selon elle, de remodeler la subjectivité des travailleurs. Changer les mentalités des salariés plutôt que l'organisation du travail, façonner les identités plutôt que partager le pouvoir, semblent être les mots d'ordre du nouvel activisme des entreprises. Cette volonté consciente de rationaliser les consciences en répercutant sur les salariés les contraintes des entreprises confirme la thèse d'un néo-taylorisme qui effectue des changements à la périphérie de son organisation tout en préservant ses caractéristiques essentielles. Cette thèse trouve son prolongement dans celle de Coutrot (1998) qui, en considérant les contraintes économiques, financières et commerciales qui s'imposent aux entreprises, soutient l'émergence d'une nouvelle organisation du travail de type néo-libéral. Cette appellation découle du rôle joué par les actionnaires qui, profitant de la déréglementation de leur sphère d'activité, pénètrent le secteur de la fabrication pour y introduire de nouvelles règles de fonctionnement et y fixer de nouveaux seuils de performance. L'organisation néo-libérale analysée par Coutrot, dont sont rappelés ici les grands traits, se caractérise par une structure hiérarchique allégée, un fonctionnement sous contrôle hiérarchique et une capacité d'imposer aux salariés une coopération forcée, une autonomie balisée et une intensification du travail.

Il n'est pas difficile d'entrevoir, au-delà de ces configurations particulières, les grandes caractéristiques de l'entreprise flexible qui tente de se dégager de plus en plus de ses liens d'emploi, tout en misant paradoxalement sur le potentiel de ressources que les salariés recèlent. Le trait dominant de l'évolution des marchés de l'emploi et du travail des dernières années ne réside-t-il pas dans l'éclatement de la relation salariale parallèlement à l'affaiblissement des syndicats et à l'effritement des mécanismes de régulation du travail ? Par exemple, en utilisant les nouvelles technologies de l'information et de la communication qui rendent possibles les échanges en temps réel entre les entreprises donneuses d'ordres et les entreprises sous-traitantes partout dans le monde, les grandes sociétés multinationales sont en mesure de planifier les emplois et de distribuer le travail à la grandeur de la planète. Il n'est donc pas étonnant que plusieurs d'entre elles s'implantent là où les contraintes salariales sont les moins lourdes, les syndicats inexistants ou affaiblis, et les protections sociales réduites au minimum, tout en suivant de près l'évolution de leurs projets.

Au niveau de l'évolution des emplois, on voit émerger une nouvelle catégorie de travailleurs qui, plus mobiles et indépendants, passent d'un emploi à l'autre au gré des contrats ponctuels qu'ils décrochent. Cette main-d'oeuvre migratoire libère ainsi certaines entreprises de leur responsabilité d'assumer de véritables liens d'emploi à long terme et de composer avec les contraintes qu'ils comportent. Plusieurs entreprises considèrent même que le maintien de relations salariales constitue un obstacle à la gestion rationnelle du travail. Même si les entreprises ont besoin d'employés qualifiés, dévoués et capables de travailler en collégialité, ce qui demande de la stabilité et de la durée en emploi, tout les incite paradoxalement à gérer leur main-d'oeuvre comme des ressources de passage, ce qui ne va pas sans créer de fortes tensions. Si elles valorisent l'implication au travail et lancent régulièrement des appels à la responsabilisation, elles ne peuvent en même temps s'empêcher de précariser les emplois, d'effriter les liens sociaux susceptibles de soutenir l'investissement au travail, et refusent de s'engager à long terme. C'est à l'analyse des contradictions de cette nouvelle entreprise flexible que Freiche et Le Boulaire (2000) nous convient au terme de ce chapitre.

1. L'organisation en réseau

À travers ses écrits, Veltz (1992, 1999, 2000, 2001, 2005) conteste la thèse de la montée du libéralisme financier et commercial en tant que facteur principal de l'émergence des nouvelles formes d'organisation du travail dont la plus importante est, à son avis, la forme cellulaire d'organisation en réseau. Réduire la genèse des organisations émergentes à l'effet du seul facteur financier, équivaut, croit-il, à s'enfermer dans un cloisonnement explicatif qui empêche de comprendre la complexité des niveaux d'interaction entre le global et le local et à refuser de saisir la diversité des logiques qui se développent à travers la dynamique des organisations. C'est, de plus, ne pas voir la cohérence qui prend forme entre l'évolution sociale vers la prégnance des destins individuels et des trajectoires personnalisées et la tendance à l'individualisation des tâches et à la valorisation de l'autonomie au travail. Pour Veltz, le fondement principal des innovations organisationnelles réside dans la nouvelle adéquation en train de se former entre les contraintes économiques et l'évolution sociale, d'une part, et l'obligation pour les entreprises de sortir des cadres tayloriens pour reprendre le contrôle sur leur devenir organisationnel, d'autre part.

Pour Veltz, trois facteurs expliquent simultanément la déstabilisation du modèle taylorien et de sa variante toyotiste et l'émergence de l'entreprise-réseau comme solution à cette déstabilisation. La révolution des savoirs industriels et les mutations technologiques qu'elle induit, la mondialisation de la production et la concurrence de plus en plus vive sur des marchés devenus volatils, et la montée en puissance des actionnaires qui accentuent les pressions de rendement à court terme, expliquent la révision en profondeur des systèmes traditionnels d'organisation et leur passage à des formes renouvelées capables de composer avec les restructurations macro-sociales et économiques en cours.

La volonté de conquérir de nouveaux marchés et la poursuite d'objectifs économiques revus à la hausse induisent des stratégies de compétition par la réduction des coûts et de concurrence par la différenciation des produits et des services. Or, les critères de performance correspondants à ces stratégies ne sont pas toujours compatibles entre eux. Garantir la qualité des services et des produits en même temps que leur diversité, et réduire simultanément les coûts de production sont des objectifs difficiles à atteindre concurremment. Assurer la fiabilité des processus en développant la réactivité des opérateurs tout en favorisant la flexibilité des organisations relève du défi. Les exigences à court terme des investisseurs s'opposent au temps long requis par les organisations pour concevoir, produire et mettre en circulation un bien ou un service. La compétitivité des organisations dépend donc de plus en plus d'un enchaînement d'éléments qui part de la conception et qui va jusqu'à la distribution en passant par la production. L'arrimage des performances organisationnelle, technique, commerciale et financière suppose la coordination d'un ensemble de facteurs et vise à obtenir un effet global de système. L'organisation, non les individus, devient alors le facteur principal de la performance des entreprises. Cela ne signifie pas que l'on renonce à l'utilisation du travail. Au contraire, parce que plus de responsabilité et de liberté sont accordées aux salariés, l'organisation attend davantage du facteur humain.

Le travail ne se mesure donc plus en temps accordé à la production, mais en qualité d'engagement, de communication et de coopération. Dans le modèle de la coopération que Veltz oppose au modèle taylorien de l'opération, la communication constitue le cœur du travail et devient la source première de l'efficacité des organisations. La performance productive dépend donc de moins en moins de l'intensification du travail préconisée par le taylorisme, mais relève davantage de la coopération des acteurs et des services. L'enjeu de la productivité ne réside plus principalement, selon Veltz, dans la technologie ou la réduction des coûts de chaque opération élémentaire, mais dans la maîtrise globale des cycles complets de production. C'est aussi dans les interfaces des fonctions que les gains de productivité peuvent être gagnés, d'où l'importance qu'il accorde à la communication et à la coordination des fonctions et des services. Les impératifs de réactivité, de réduction des délais et la gestion efficace de la qualité imposent aux organisations un décloisonnement des fonctions et l'établissement de lignes transversales de communication et d'échange. L'intégration en réseau des fonctions et des unités productives est donc appelée à remplacer le schéma taylorien d'organisation avec sa structure pyramidale, sa concentration du pouvoir de décision et sa séparation horizontale des fonctions.

Trois éléments structuraux ou caractéristiques organisationnelles définissent le modèle cellulaire en réseau, expression que Veltz préfère à celle d'entreprise-réseau parce qu'elle tient mieux compte de ses différents processus de formation. La première caractéristique du modèle cellulaire réside dans la répartition des activités en unités organisationnelles relativement autonomes et orientées vers le marché. La coordination de ces unités s'exerce par la définition des objectifs et des résultats et s'éloigne sensiblement de l'ancien contrôle taylorien par la définition des moyens et des règles. Sa deuxième caractéristique repose sur la nature contractuelle des relations entre les unités organisationnelles ou entre celles-ci et le centre stratégique. Plusieurs options sont ici possibles variant d'une relation de dépendance des unités au centre à celle d'une relation égalitaire du type offre de services spécialisés pour un temps limité. Enfin, le modèle cellulaire en réseau peut se caractériser par la formation de quasi-entreprises ou unités plurifonctionnelles. Ce modèle implique un partage des expertises et une coordination des efforts centrée sur l'atteinte d'objectifs particuliers.

Même si l'auteur soutient que nous assistons à un *basculement structurel* vers l'entreprise-réseau, il ne prétend pas qu'elle constitue un Eldorado organisationnel sans faille ni problème. Si le modèle cellulaire en réseau stimule les apprentissages et encourage les innovations par les pressions qu'il exerce, sa dynamique peut être contrariée par le faible engagement des salariés qui monnaient leur loyauté à l'échelle des opportunités qu'il offre. La nature strictement fonctionnelle des liens qui s'y tissent, eux-mêmes fragmentés dans le temps et dans l'espace selon les circonstances et les périmètres variables des projets ou des missions qui les activent, délimite les interfaces et les échanges au point de compromettre la communication et la coordination censées constituer ses principaux avantages. L'absence de liens sociaux forts, la faiblesse des appartenances et la dilution des obligations contractuelles favorisent la dégradation des conditions de travail et le développement d'attitudes opportunistes tant de la part des salariés que des unités membres. Si l'organisation cellulaire en réseau favorise la satisfaction des clients et des actionnaires, fidéliser les salariés dont les trajectoires professionnelles se situent de plus en plus dans le court terme, relève du défi. La nature contractuelle des relations entre les organisations membres et la situation de dépendance de certaines d'entre elles favorisent l'émergence de corporatisme organisationnel et incitent au secret des informations au détriment du fonctionnement de l'ensemble. Finalement, l'organisation cellulaire en réseau ne peut pas faire abstraction du temps nécessaire à la mise en forme de ses produits et services, même si elle vise à améliorer son temps de réaction à l'évolution des marchés.

Alléger les structures organisationnelles et transférer des responsabilités pour réduire les coûts, fidéliser des équipes de travail pour fiabiliser les installations, flexibiliser la production pour répondre à la variabilité de la demande, exigent des entreprises une mobilisation de ressources et de compétences qui s'opposent aux règles tayloriennes d'organisation qui freinent la réflexivité, la création et l'innovation. L'entreprise-réseau, par la souplesse organisationnelle qui la caractérise et les réservoirs de ressources et de savoir-faire spécialisés qu'elle recèle, peut répondre aux exigences de performance que la nouvelle donne commerciale et financière impose aux entreprises. Sans être une panacée, elle peut constituer une réponse pertinente, la seule, soutient Veltz, à l'enchevêtrement des contraintes qui pèsent sur l'entreprise et qui déterminent son organisation.

2. L'organisation néo-libérale

C'est en systématisant les évolutions observées par l'enquête *Relations professionnelles et négociations d'entreprise* de 1993 (REPONSE) que Coutrot dessine les contours de l'entreprise néo-libérale. Cette enquête repose sur 6,000 entretiens d'employeurs et de représentants du personnel de 2,600 établissements de plus de cinquante salariés des secteurs public et privé. Les 1,500 variables de l'enquête sont regroupées en trois domaines susceptibles de déterminer la cohérence des modèles d'entreprise : le contexte économique et concurrentiel, les innovations technologiques et organisationnelles, les mécanismes de régulation sociale et les pratiques de gestion des ressources humaines. REPONSE fournit une description relativement précise des façons dont les acteurs des entreprises entrent en interaction, se concertent ou s'opposent, négocient ou s'évitent, et l'enquête décrit comment les problèmes qui surgissent à l'occasion du travail se résolvent au quotidien. Coutrot soutient que les transformations en cours aux plans de l'organisation du travail et de son contrôle, de la gestion de la main-d'œuvre et de l'emprise du capital financier sur la gouvernance des entreprises rompent avec les caractéristiques des modèles productifs antérieurs.

Il rejette donc à la fois les thèses d'une généralisation éventuelle du modèle toyotiste et du développement d'un nouveau modèle fordiste. En effet, et curieusement, c'est au sein des grandes entreprises de service qui opèrent sur un marché national relativement protégé des contraintes internationales que le toyotisme s'est le plus diffusé. Mais la confiance dans les relations de travail et la coopération entre les équipes qui caractérisent ce modèle sont trop fortement menacées par la déréglementation du capital et les campagnes de privatisation des services publics pour que ce modèle puisse progresser encore longtemps. La pérennité de la grande entreprise industrielle néo-fordiste à forte capitalisation n'est pas assurée non plus parce qu'elle subit de plein fouet la concurrence internationale et qu'elle est aux prises avec des marchés fluctuants. Ces contraintes expliquent le climat de travail tendu souvent observé dans ce modèle d'organisation et alimentent la conflictualité de ses relations de travail. La contradiction entre les aspects innovants de son organisation axée sur la polyvalence et la participation des employés et la présence de mécanismes relativement rigides de contrôle du travail rendent problématique son développement futur. Ce néo-fordisme à autonomie contrôlée présente encore trop d'éléments fordiens ou tayloriens pour en faire un modèle d'avenir.

En conséquence, Coutrot se propose de démontrer la *convergence tendancielle des modèles productifs* vers un nouveau régime néo-libéral de mobilisation de la force de travail (1998 : 255). Ce régime réconcilie dans un système cohérent des tendances contradictoires observées par différents analystes. Les tenants du toujours pareil, pour reprendre une expression de Linhart (1994), insistent sur la flexibilité externe et le contrôle hiérarchique, tandis que les défenseurs de l'innovation organisationnelle soulignent l'évolution des organisations vers la flexibilité interne, l'implication des salariés et l'autonomie responsable. Le régime néo-libéral de mobilisation dont Coutrot entrevoit l'émergence combine en un modèle cohérent ces éléments qui semblent s'opposer. L'implication et la précarité, l'autonomie et le contrôle, la flexibilité interne et externe ne s'opposent pas, mais se complètent, soutient-il. Par exemple, la précarité peut être une condition à l'implication, tandis que la flexibilité externe stimule la flexibilité interne.

Les fondements de ce nouveau régime de mobilisation proviennent des nouvelles conditions des marchés. Marchés commerciaux, d'abord, qui sont de plus en plus convoités par les entreprises des pays en émergence, marchés financiers, ensuite, qui par l'intermédiaire des grandes sociétés de gestion de portefeuille exigent des rendements accrus sur leurs investissements, marchés de l'emploi, enfin, dont les menaces de chômage et de précarité constituent de puissants ressorts à la mobilisation des salariés. Le filtre que les organisations imposaient anciennement aux pressions des marchés se fissure et les contraintes structurelles se répercutent maintenant directement sur les salariés. De cette dynamique émerge une nouvelle organisation que Coutrot qualifie de néo-libérale en référence au rôle déterminant du capital financier qui, profitant de la déréglementation de sa sphère traditionnelle d'activité, envahit le secteur de la production pour y dicter de nouvelles règles et y fixer de nouveaux seuils de performance.

Les tenants de ce type d'organisation souhaitent rationaliser le travail au maximum en introduisant le juste à temps et la production en flux tendus. L'implication des salariés et la coopération au travail sont assurées par une gestion plus serrée et par le recours à des pratiques salariales individualisantes. Le passage du contrôle par la prescription des modes opératoires au contrôle par la définition des objectifs permet de décentraliser des responsabilités, tout en maintenant une forte pression sur les salariés. L'autonomie et la polyvalence souvent rencontrées dans ce type d'organisation favorisent l'allègement des structures hiérarchiques et fonctionnelles et facilitent le recentrage des opérations sur la mission principale des organisations. La pression des marchés, que la présence concrète du client ou de l'usager personnifie, et les pratiques plus agressives d'un management lui-même redevable à des états-majors souvent éloignés des lieux de production contribuent également à son efficacité. En fait, les transformations structurelles et internes fournissent les ressorts nécessaires à la mobilisation des salariés et induisent une intensification du travail qui rend obsolètes les contraintes hiérarchiques directes et le commandement personnalisé, même s'ils sont encore largement utilisés.

Ingénierie, sous-traitance et délocalisation sont des stratégies que l'entreprise néo-libérale utilise afin d'atteindre ses objectifs, en particulier ceux relatifs aux rendements sur le capital. Les stratégies de recentrage sur sa mission première et d'externalisation de ses fonctions secondaires lui donnent la souplesse organisationnelle qu'elle recherche et visent à réduire les contraintes inhérentes à la mobilité de ses capitaux et à accroître l'efficacité de ses opérations. Dans ses formes les plus innovantes, l'entreprise néo-libérale active même cette stratégie de déconcentration en plaçant ses propres unités opérationnelles en position de concurrence les unes par rapport aux autres. Plus de 20 % des entreprises industrielles françaises recourent en 1997 à des contrats clients / fournisseurs internes, tandis qu'une proportion égale d'entre elles déclare être organisée en centres de profit (Greenan, Hamon-Cholet, 2000). L'entreprise peut donc appliquer en son sein la logique du marché et valoriser le rendement à court terme par l'abaissement des coûts de production et la réduction des prix.

La coopération entre les travailleurs, en tant que versant obligé de l'autonomie, n'est plus perçue comme une fonction naturelle des communautés de travail. Si elle repose sur des contraintes techniques imposées par les pratiques du juste à temps et par la fluidité des processus productifs, elle répond aussi à des exigences de résultat, et devient souvent le prétexte à un transfert de responsabilités. De plus, les contraintes de temps, de rythme, et de moyens qui l'accompagnent, accroissent la charge de travail. C'est pourquoi Coutrot introduit le concept de coopération forcée pour définir la mobilisation du travail induite par les contraintes macro-économiques et la crainte des rationalisations.

La polyvalence des salariés et la rotation des tâches pratiquées par l'entreprise néo-libérale n'ont plus pour objectif de renforcer les équipes de travail et d'enrichir la qualification de leurs membres. L'entreprise y recourt principalement pour réguler les flux productifs et réduire les temps inactifs. Il n'est donc pas étonnant que la polyvalence et la rotation des tâches soient perçues négativement par les salariés, surtout dans les entreprises qui ont mis en œuvre un processus de réduction du temps de travail conformément aux dispositions législatives françaises. La majorité des salariés perçoivent ces éléments comme des facteurs importants de la dégradation de leurs conditions de travail (Bué, Hamon-Cholet, Puech, 2003), et affirment que la mobilité qui en résulte déstabilise les collectifs de travail. En effet, les fréquents déplacements des employés d'un poste à un autre selon les exigences de la production ou les urgences de la demande compromettent la cohésion des équipes dont les membres doivent constamment s'ajuster les uns aux autres et intégrer rapidement les nouveaux coéquipiers. De plus, cette flexibilité interne empêche les employés d'acquérir de nouvelles connaissances qui, dans un contexte plus stable, pourraient enrichir leur travail.

Enfin, les politiques salariales flexibles et les pratiques de notation du personnel, en plus de déterminer les rémunérations et les parcours professionnels, exercent sur les employés une pression constante. Elles garantissent à l'entreprise et à son encadrement le respect des objectifs fixés lors des entretiens annuels d'évaluation. Ce mode de gestion et de contrôle des ressources humaines effrite les communautés de travail et érode les solidarités collectives en individualisant les tâches et en encourageant les attitudes individualistes. Il a aussi pour avantage de susciter l'engagement personnel à l'égard de la mission de l'entreprise et d'alimenter au quotidien l'implication des salariés. Dans ce contexte de contraintes et d'évaluation des performances individuelles, l'implication des salariés ne peut apparaître que sous la forme d'une implication contrainte ou d'une soumission imposée. Il n'est donc pas étonnant de constater que le stress, la perte d'identité et le sentiment d'isolement sont des conséquences fréquemment associées à ce type d'organisation. En contrepartie, il assure à l'entreprise le respect des règles fixées et la conformité des comportements qu'elle souhaite de la part des employés.

En somme, l'effritement des communautés naturelles de travail, l'individualisation des tâches et des performances et la perte des repères identitaires poussent les salariés à des positions de repli qui laissent le champ libre à l'invasion des pratiques managériales de mobilisation. La menace du chômage et la crainte de la précarité se profilent toujours derrière les prescriptions d'un management instrumenté dont les interventions transforment la participation des salariés en implication contrainte et l'engagement professionnel en coopération forcée. Autonomie contrôlée, intensification du travail et coopération forcée constituent donc les principales dimensions de ce nouveau régime de mobilisation de la force de travail que la figure 1 schématise. La souffrance et l'anxiété que les salariés expriment de plus en plus ouvertement en sont les conséquences individuelles les plus fréquentes avec le stress et la surcharge mentale du travail.

Figure 1
L'organisation néo-libérale

Contexte Concurrentiel	Organisation du travail et de l'entreprise		Régulation sociale
Pression des marchés financiers	Déconcentration organisationnelle	Coopération forcée	Évaluation des performances individuelles
Pression de la demande	Orientation-client Équipes autonomes	Autonomie contrôlée	Politique salariale flexible
Pression des marchés de l'emploi	Participation	Intensification	Relations conflictuelles

Affaiblissements des collectifs de travail
Charge mentale et souffrance

3. Les paradoxes de l'entreprise flexible

L'opposition entre les thèses de Coutrot et de Veltz est totale et peut laisser le lecteur sceptique quant à l'évolution des formes d'organisation du travail et à leur interprétation. Les divergences entre ces deux points de vue traduisent à leur manière les changements que les entreprises effectuent à une vitesse folle et qui ne sont pas sans présenter quelques contradictions. C'est à l'analyse de ces ambiguïtés que Freiche et Le Boulaire (2000) s'attardent en soulignant les paradoxes qui caractérisent et menacent à la fois l'entreprise flexible et qui remettent en cause la sécurité que procurent des emplois stables.

La capacité d'adaptation de l'entreprise flexible aux changements des marchés et aux goûts des consommateurs lui assure un avantage concurrentiel qui peut faire la différence. Comprimer les délais d'attente et être en mesure d'offrir un produit de qualité qui répond aux besoins des clients sont des stratégies qui réduisent les tentations des clients d'aller voir ailleurs et qui accroissent les ventes. Raccourcir la chaîne de l'innovation et abréger la période qui sépare la conception d'un produit ou d'un service de sa livraison permettent à l'entreprise flexible de se positionner avantageusement et lui assure une clientèle fidèle. L'orientation-client qu'elle adopte souvent a aussi pour effet de faire remonter les exigences des marchés dans la production et de forcer l'adaptation des produits et des services en impulsant à tous les niveaux de l'organisation une énergie créatrice susceptible de les personnaliser.

Même la sous-traitance présente des avantages par l'accès aux expertises et le partage des expériences qu'elle rend possibles. La diversité des relations qu'elle suppose, tant sur les marchés nationaux qu'internationaux, crée des opportunités que l'autosuffisance ne peut développer. Des technologies nouvelles, des savoirs novateurs et des clients prometteurs deviennent accessibles grâce au réseau que l'entreprise construit à travers la sous-traitance et l'externalisation de ses services. Enfin, le recentrage de l'entreprise flexible sur l'essentiel de sa mission dégage du temps qu'elle peut consacrer au pilotage de ses opérations à l'externe et libère des ressources qu'elle peut affecter à l'exploration d'avenues prometteuses aux plans technique, commercial et organisationnel.

Par contre, l'emprise des objectifs financiers sur le fonctionnement de l'entreprise flexible et les réorganisations en chaîne que la course aux résultats engendre, rendent presque inévitable l'inadéquation des changements aux fins poursuivies et créent un climat de travail instable. Malgré la rationalité qui préside à la mise en œuvre de ces adaptations et la bonne volonté des individus, la diversité des objectifs poursuivis complexifie les situations de travail, perturbe les rapports sociaux et insécurise les acteurs. L'adhésion des salariés à la mission de l'entreprise en est affectée, et leur besoin d'appartenance ne trouve pas dans cette agitation organisationnelle le socle à partir duquel ils peuvent construire leur identité professionnelle et se projeter dans l'avenir.

De plus, l'entreprise flexible peut sortir perdante de la sous-traitance et des stratégies de mobilisation à court terme qui fragilisent les collectifs de travail et précarisent les emplois. Le recours à une main-d'oeuvre temporaire et le désengagement à l'égard de ses employés ne sont pas les meilleurs moyens pour fiabiliser des installations complexes dont le fonctionnement requiert une vigilance compétente. La diversité des statuts d'emploi au sein d'une même entreprise peut réduire les coûts salariaux, mais en fragilisant les équipes de travail, elle brise les solidarités nécessaires à la transmission des savoirs et à l'apprentissage des règles et des comportements. La coopération entre les équipes de travail rendue plus difficile par la sous-traitance entraîne des risques d'erreurs et des pertes de temps qui compromettent l'efficacité des installations, et la collaboration entre les services et entre les partenaires peut aussi être compromise par une perte d'information attribuable à l'inexpérience des employés. Si l'externalisation des fonctions et des compétences n'est pas subordonnée au maintien au sein de l'entreprise d'un noyau d'experts de haut calibre, elle peut entraîner une perte d'expertise qui risque de fragiliser à moyen terme sa position et de l'obliger à s'en remettre à des spécialistes externes qui n'ont pas à son égard le même degré de loyauté que ses propres employés. Enfin, il est démontré que la capacité d'innover d'une entreprise dépend, avant toute chose, de son capital culturel et de la volonté de ses salariés à investir leurs compétences dans des projets auxquels ils croient et qui les mobilisent à long terme.

En somme, la flexibilité technique, organisationnelle et sociale qui anime l'entreprise flexible et les performances économiques à court terme qu'elle vise activent des paradoxes qui menacent sa survie et l'emploi de ses salariés. Si ses obligations à court terme la poussent aux rendements élevés, elles peuvent aussi la rendre aveugle aux opportunités qui se présentent, et le désengagement qu'elle souhaite opérer à l'égard de sa main-d'œuvre peut affecter sa capacité d'innover et d'anticiper l'évolution des marchés. En centrant ses opérations sur l'essentiel de sa mission et en comprimant son personnel aux effectifs indispensables à son fonctionnement, elle réduit évidemment ses coûts de production, mais affaiblit simultanément son potentiel de développement et détruit les seules ressources susceptibles d'assurer sa pérennité.

Conclusion

Si les thèses de Veltz et de Coutrot tentent d'arrimer les évolutions macro-sociales aux changements du travail et de son organisation, elles divergent quant aux effets des nouvelles règles de fonctionnement qui sont introduites au sein des entreprises sous les pressions externes. Pour Veltz, les tendances profondes de l'évolution des sociétés vers une plus grande liberté accordée aux acteurs et la volonté des individus d'accéder à plus d'autonomie sont en parfaite correspondance avec la décentralisation des structures organisationnelles, ce qui a pour effet de redonner aux salariés une liberté d'action dont ils ont longtemps été privés par le taylorisme. Les impératifs économiques de réduction des coûts et les objectifs de rendement qu'impose le capitalisme financier, même s'ils sont importants et contraignants, ne déterminent pas à eux seuls les choix des dirigeants qui doivent composer avec l'incompatibilité des attentes et gérer l'harmonisation des moyens. Au contraire, pour Coutrot, les pressions externes impulsent les contraintes internes, et là où Veltz identifie des zones de liberté, il constate plutôt une fragilisation des liens communautaires et un effritement des collectifs de travail. Si les contraintes financières semblent se diluer dans la mise en forme de l'entreprise-réseau, elles font sentir leurs effets plus négativement dans l'entreprise néo-libérale. La fréquence des rationalisations, les pratiques d'externalisation et les entretiens d'évaluation ont pour effet de les dévoiler encore plus clairement encore aux yeux des salariés. L'allègement des structures organisationnelles et les politiques de décentralisation des fonctions et des services, même si elles favorisent l'autonomie des unités organisationnelles et des acteurs, s'accompagnent de transferts de responsabilité et d'obligations de résultat qui alourdissent la charge de travail et accentuent la pression sur les salariés.

Coutrot soutient donc l'idée que la réussite des entreprises dépend du niveau de mobilisation de la force de travail et que l'intensification de son usage, en visant à contrer l'incomplétude du contrat de travail, demeure une composante essentielle de l'efficacité organisationnelle et de la performance des entreprises. Pour Veltz, au contraire, l'efficacité organisationnelle n'est pas à rechercher du côté de la réduction des coûts salariaux qui ne représentent plus qu'une faible portion des coûts de production, mais plutôt du côté de l'enchaînement des opérations et de l'arrimage des fonctions et des services dont le manque d'articulation entraîne des pertes de productivité. D'où l'importance qu'il accorde à la coordination des fonctions et à la nécessité d'établir des lignes transversales de communication. Là où Veltz constate une coopération volontaire et intéressée, mais pas toujours assurée et quelquefois risquée, nuance-t-il, Coutrot relève plutôt les traces d'une coopération forcée et d'une autonomie contrôlée.

Quoi qu'il en soit, les transformations sociales et économiques des trois dernières décennies ont radicalement changé l'environnement des entreprises et leurs effets perturbateurs se font directement sentir sur les salariés. Tandis que les appels répétés à l'engagement au travail et à l'implication de soi combinés aux contraintes temporelles et aux pressions hiérarchiques dégradent les conditions de travail et augmentent le stress des salariés, les stratégies d'externalisation et la multiplication des emplois atypiques alimentent un sentiment d'insécurité dans toutes les catégories sociales et contribuent à effriter la relation salariale. De plus en plus d'individus, en offrant aux entreprises un produit, un service ou leur propre expertise, apparaissent comme des entrepreneurs indépendants en quête de contrats. Ces nouveaux nomades de l'emploi risquent de devenir la figure emblématique de l'entreprise flexible qui, à force de désengagement et de brouillage identitaire, aura réussi à dénouer la relation salariale qui la liait à ses employés. Mais, paradoxalement, la pérennité de l'entreprise dépend de leur engagement.

Hélas, ce n'est pas la seule contradiction qui caractérise l'entreprise flexible, comme Freiche et Le Boulaire l'ont brillamment illustré dans leur analyse. Si l'entreprise flexible contribue à accroître la productivité du travail, à améliorer la réactivité aux marchés et à bonifier la qualité des produits et des services, elle est aussi responsable d'exiger l'implication des employés par la contrainte et d'atomiser les collectifs de travail au détriment de leur efficacité. Il en résulte une perte des savoir-faire et de l'expertise professionnelle qui peut avoir pour conséquence de compromettre sa capacité d'innovation. Enfin, le flou identitaire qui fragilise les différents groupes d'employés qui oeuvrent en son sein constitue aussi une menace à la socialisation de leurs membres et réduit l'efficacité des références normatives qui perdent leur capacité d'adapter les individus les uns aux autres et de les outiller à affronter les contraintes extérieures. Or, celles-ci sont nombreuses et menacent aujourd'hui autant les entreprises dont la pérennité est de moins en moins assurée que les emplois qui se précarisent.

CONCLUSION

C'est parce que le travail apparaissait comme le fondement des sociétés industrielles, et que plusieurs le percevaient comme le pivot autour duquel s'articulaient toutes les autres sphères de la vie sociale, qu'il a été l'objet privilégié de l'analyse sociologique durant les années 50 à 70. Les premiers travaux de la sociologie du travail portaient sur les effets des changements technologiques et organisationnels sur les qualifications professionnelles et les attitudes ouvrières. La diffusion du taylorisme n'a pas empêché les sociologues de dénoncer, à l'encontre de ses succès productifs incontestables, les rapports de domination qui le fondaient, tout en misant sur le potentiel de changement que pouvait receler l'action ouvrière. Aujourd'hui, les champs de la sociologie du travail se sont diversifiés, étendus et multipliés, pour reprendre les termes de Reynaud (1991), et ses analyses oscillent maintenant entre les niveaux macro et micro sociologiques en abordant le travail simultanément sous les angles de ses régimes de mobilisation, de son organisation et de l'action de ses acteurs. Après quelques années d'analyses centrées sur les dynamiques relationnelles au travail et les processus de régulation, la mondialisation de l'économie et des échanges commerciaux suscite aujourd'hui un nouvel intérêt pour la recherche macro-sociologique. La délocalisation des entreprises, la sous-traitance des emplois et la menace du chômage réactivent même une sociologie critique que l'on croyait disparue. Ces nouvelles problématiques amènent les thèmes de la domination, de la contrainte et de la performance au cœur de la recherche sociologique qui se propose d'en décrire les nouvelles formes et d'en analyser les effets.

Au plan interne, même si la collaboration des acteurs pour sortir la production à temps ou pour dispenser des services selon les normes convenues atténue les divergences d'intérêts, l'entreprise ne peut se soustraire aux contraintes externes qui façonnent son environnement et influencent son action. En tant que lieu de décisions opérationnelles, elle demeure dépendante des centres stratégiques et de son environnement économique, en particulier des lois du commerce et de la finance, qui influencent le choix de ses stratégies. C'est pourquoi l'entreprise apparaît à maints observateurs comme un lieu de rapports contradictoires et le siège d'ambiguïtés et de paradoxes organisationnels qui fragilisent sa dynamique et perturbent ses acteurs. Par exemple, la réduction de l'encadrement de premier niveau et l'externalisation des services fonctionnels, tout en allégeant les structures organisationnelles, privent les travailleurs du soutien technique et professionnel nécessaire à l'exécution de leurs tâches et augmentent leur charge de travail. Le relâchement du lien salarial que recommande à l'entreprise un actionnariat avide de rendement à court terme, facilite, certes, l'utilisation maximale de la main-d'oeuvre, mais affaiblit les collectifs de travail et appauvrit les identités professionnelles en plus d'inciter les salariés au retrait et à la désaffection. Parce qu'elle ne peut plus faire valoir de consensus internes forts ou arguer de contraintes que lui imposaient des cultures professionnelles aguerries, l'entreprise se retrouve, au final, encore plus exposée aux forces du marché et davantage soumise aux intérêts financiers qui la fragilisent.

Si l'autonomie se répand dans les organisations, ce n'est pas toujours pour consolider les équipes de travail mais pour individualiser les tâches et transférer aux salariés plus de responsabilités. D'où les contraintes de temps, de rythme et l'insuffisance de moyens qui l'accompagnent souvent et qui rendent difficile l'atteinte des objectifs à laquelle pourtant les salariés sont tenus. D'où aussi l'obligation de résultat qui lui est associée et le sentiment d'isolement qu'elle génère chez plusieurs salariés obligés de régler eux-mêmes et avec les moyens du bord des incidents qui normalement requerraient une expertise qui n'est pas disponible. L'observation révèle enfin que l'autonomie concédée aux travailleurs est contrôlée, et que les nouveaux logiciels de production de biens et de services balisent les interventions des salariés et tentent de réduire l'imprévisibilité du facteur humain. Dans l'industrie, par exemple, la programmation des opérations ne laisse aux opérateurs qu'une faible marge de manœuvre, tandis que l'organisation du travail en flux tendu, en comprimant le travail, réduit les temps de liberté.

Le déplacement des salariés d'un poste à l'autre ou d'une tâche à l'autre rend difficiles, voire impossibles, les apprentissages professionnels qui, pour enrichir le travail, demandent de la stabilité et du temps. Il peut même arriver que le cumul des fonctions et des responsabilités qui caractérise la polyvalence entraîne une perte des anciennes qualifications moins sollicitées. En fait, la polyvalence est ordinairement utilisée pour régulariser les flux productifs dont les caprices exigent une capacité de réaction accrue et une plus grande mobilité des opérateurs, que leur polyvalence a précisément pour effet de rendre possibles. De plus, la formation d'équipes de travail polyvalentes requiert de la part de leurs membres des dispositions relationnelles dont la sollicitation augmente la charge de travail.

En fait, l'efficacité de la polyvalence dépend de la coopération que les salariés et les équipes de travail sont en mesure d'établir. Autant la coopération a été niée et brimée par le taylorisme qui voulait dominer le travail en découpant les tâches et en séparant les fonctions du travail, autant les nouvelles formes d'organisation du travail et le management éclairé tentent de la susciter. Les aléas de la production automatisée exigent l'intervention coordonnée d'équipes de travail souvent éloignées les unes des autres, et la prestation de services ne peut avoir lieu sans une étroite coopération des acteurs et des métiers. Cela explique les appels répétés dont la coopération est l'objet par des directions qui souhaitent canaliser son efficience en fonction des intérêts des établissements ou pour la satisfaction des clients. Mais, même dans les organisations qualifiantes, la coopération n'échappe pas aux rapports sociaux de production et, tout en répondant aux exigences d'une production de qualité ou d'une prestation de service sur mesure, elle ne peut se soustraire aux contraintes temporelles, organisationnelles et hiérarchiques qui reproduisent en leur sein les pressions des marchés, de la concurrence et de la finance.

Ces mêmes pressions se font également sentir dans les entreprises et les établissements qui ont fait le choix de placer le client au centre de leur organisation et de dédier leur production ou leur prestation de service à sa satisfaction. S'ils ne peuvent domestiquer les marchés comme ils l'ont déjà fait, ils ne restent pas inactifs devant leur évolution, et ils cherchent, dans une perspective de rationalisation des coûts, à réguler la demande en fonction des ressources dont ils disposent ou des expertises qu'ils peuvent offrir. L'offre de service résulte toujours d'une série d'arbitrages entre les coûts que représentent les exigences du client et le prix qu'il est prêt à payer, d'une part, et les capacités des organisations à y répondre tout en y trouvant leur compte, d'autre part. Les ajustements qu'une telle dynamique suppose entraînent les organisations à diversifier leurs stratégies en développant de nouvelles politiques de qualité, en multipliant les contacts avec le client et en personnalisant leur offre de services. Certains établissements n'hésitent pas à encadrer l'expression des besoins du client et à l'amener progressivement à conclure que le service qui lui est offert est celui qui répond le mieux à sa demande. La prise en charge du client selon un modèle professionnel se transforme alors en une domestication de sa fonction symbolique, et l'instrumentation de sa représentation, si ce n'est de sa personne même, devient un outil de gestion et de mobilisation des salariés et un moyen de contrôler le travail.

Si l'orientation-client peut constituer une stratégie de mobilisation des salariés, il peut en être de même de la logique compétence qui souhaite ajuster l'organisation du travail à l'évolution des marchés en misant sur le développement des compétences des salariés. À l'encontre de ceux qui prétendent que la logique compétence transforme la relation salariale fondée sur l'échange d'une performance contre une rémunération et qu'elle substitue l'autonomie et la responsabilisation à la soumission et au contrôle, d'autres soutiennent que son application est subordonnée aux impératifs des entreprises et à leur besoin en main-d'œuvre flexible, polyvalente et mobile. En fait, la volonté avouée de la logique compétence de mobiliser les savoirs et les dispositions relationnelles des salariés à des fins productives où commerciales suscite des tensions et génère des comportements contraires à ceux désirés comme le repli sur soi, le refus de s'engager pleinement ou le désistement.

Certaines pratiques de gestion de la main-d'œuvre font également partie des nouveaux régimes de mobilisation du travail qui ont pour objectif d'enrôler les salariés afin qu'ils puissent répondre aux demandes des marchés et aux exigences des bailleurs de fonds. Ainsi, la soumission et la contrainte, que certaines analyses avaient l'habitude d'opposer, se trouvent en fait réconciliées par ces nouveaux régimes de mobilisation qui se caractérisent par une combinaison subtile de direction souple, d'engagement personnel et d'embrigadement des subjectivités, même si les contrôles hiérarchiques et les contraintes individuelles ne sont pas disparus.

Si les effets des régimes de mobilisation se font principalement sentir au niveau des individus et des organisations, c'est au-delà des frontières organisationnelles qu'il faut porter le regard pour en découvrir les fondements. L'augmentation du nombre de chômeurs dans toutes les catégories sociales et l'installation de plusieurs dans le chômage de longue durée viennent gonfler une armée de réserve déjà bien garnie et constituent évidemment de formidables ressorts à la mobilisation du travail. La délocalisation de segments de la production et la sous-traitance de fonctions spécialisées exercent aussi une pression sur les salariés et ne sont pas étrangères à la hausse du chômage dans plusieurs pays. Par ailleurs, la montée en puissance du capital financier et sa capacité d'imposer des niveaux de plus en plus élevés de rendement sont à l'origine de certaines pratiques de gestion des ressources humaines qui ont pour effet d'affaiblir les communautés de travail et d'éroder les solidarités collectives.

La conjugaison de ces facteurs et les annonces régulières de plans sociaux entretiennent dans l'esprit des salariés la présence d'une menace bien réelle qui laisse loin derrière elle le souvenir du compromis fordiste. Un nouveau rapport salarial défavorable aux salariés est en train de se construire, mais sans faire cette fois l'objet d'une négociation entre les grands acteurs socio-économiques. Parallèlement, de nouvelles formes d'organisation du travail se mettent en place avec l'inexorabilité de la force des marchés et de la concurrence internationale. Flexibilité, autonomie, polyvalence et engagement au travail se combinent donc dans de nouveaux systèmes productifs pilotés par des régimes de mobilisation de plus en plus efficaces. Ces nouveaux modes d'organisation sont en mesure d'assurer aux bailleurs de fonds les rendements qu'ils attendent sur leurs investissements, et d'offrir aux clients des services et des biens qu'ils choisissent consciemment ou qu'ils se procurent sous l'effet d'un conditionnement convaincant.

BIBLIOGRAPHIE

ABALLÉA, F., DEMAILLY, L., (2005), « Les nouveaux régimes de mobilisation des salariés », in Durand, J.-P., Linhart, D., (cood.), *Les ressorts de la mobilisation au travail*, Toulouse, Octarès.
ALEXANDRE-BAILLY, F., (2005), « Gestion par les compétences dans une usine sidérurgique : un nouveau contrat social ? », in Durand, J.-P., Linhart, D., (cood.), *Les ressorts de la mobilisation au travail*, Toulouse, Octarès.
AMIECH, M., (2005), « Les centres d'appels téléphoniques : une certaine idée du service au client », in Linhart, D., Moutetr, A., (dir.), *Le travail nous est compté. La construction des normes temporelles du travail*, Paris, La Découverte.
APPAY, B., (2005), *La dictature du succès. Le paradoxe de l'autonomie contrôlée et de la précarité*, Paris, L'Harmattan.
ASKENAZY, P., (2002), *La croissance moderne. Organisations innovantes du travail*, Paris, Economica.
BARALDI, L., CAVESTRO, W., DURIEUX, C., (2002), « L'évolution des règles de gestion de la main-d'œuvre à la poste : vers la mise en place d'une logique de la compétence », in Brochier, D. (coord), *La Gestion des Compétences. Acteurs et pratiques*, Paris, Economica.
BARALDI, L., DUMASY, J.-P., TROUSSIER, J.- F., « Accords salariaux innovants et rénovation de la relation salariale : quelques cas de figure », Travail et Emploi, Études, No 87, juillet.
BARISI, G., (2006), « L'intensification du travail, entre économie de temps et économie des échanges », in Askenazy, P., Cartron, D., De Connick, F., Gollac, M., (Coord.), *Organisation et intensité du travail*, Toulouse, Octarès.
BEAUQUIER, S., (2005), « Effets et enjeux des stratégies "d'orientation client". Le cas de deux entreprises de service »,

in Durand, J.-P., Linhart, D., (cood.), *Les ressorts de la mobilisation au travail,* Toulouse, Octarès.

BÉLANGER, J., GILES, A., MURRAY, G., « Vers un nouveau modèle de production : possibilités, tensions et contradictions », in Murray, G., Bélanger, J., Giles, A., Lapointe, P.-A., *L'organisation de la production et du travail : vers un nouveau modèle ?,* Québec, P.U.L.

BENGHOZI, P.-J., (1998), « De l'organisation scientifique du travail à l'organisation scientifique du client : l'orientation-client, focalisation de nouvelles pratiques managériales », Réseaux, No 91, CNET.

BERG, P., KALLEBERG, A. L., (2006), « L'effet des pratiques de travail de haute performance sur le stress professionnel : conclusion d'une enquête auprès de travailleurs américains », in Askenazy, P., Cartron, D., De Connick, F., Gollac, M., (Coord.), *Organisation et intensité du travail,* Toulouse, Octarès.

BLACK, S. E., LYNCH, M., (2001), « How to Compete : the Impact of Practices and Information Technology on Productivity », *Review of Economics and Statistics,* 83(3).

BOUSSARD, V., MAUGERI, S., (2003), *Du politique dans les organisations. Sociologies des dispositifs de gestion,* Paris, L'Harmattan.

BOYER, R., DURAND, J.-P., (1993) *L'après fordisme,* Paris, Syros.

BRAVERMAN, H., (1976), *Travail et capitalisme monopoliste,* Paris, Maspero.

BUÉ, J., HAMON-CHOLET, S., PUECH, I., (2003), « Organisation du travail : comment les salariés vivent le changement », DARES, *Premières Informations et Premières Synthèses,* No 24.1.

CAPPELLI, P., NEUMARK, D., (1999), "Do "High Performance" Work Practices Improve Establishment-Level Outcomes ? ", NBER Working Paper, no 7374.

CAROLI, E., VAN REENEN, J., (2001), "Skill Biased Organizational Change ? Evidence from a Panel of French and British Establishments" *Quaterly Journal of Economics,* 116(4).

CARTRON, D., (2004), « L'intensification du travail », in Bué, J., Coutrot, T., Puech, I., *Conditions de travail : les enseignements de vingt ans d'enquêtes*, Toulouse, Octarès.

CARTRON, D., GOLLAC, M., (2006), « Fastwork et maltravail », in Askenazy, P., Cartron, D., De Connick, F., Gollac, M., (Coord.), *Organisation et intensité du travail*, Toulouse, Octarès.

CAVENG, R., (2006), « Résistances à l'individualisation », in Durand, J.-P., Le Floch, M.-C., (dir), *La question du consentement au travail. De la servitude volontaire à l'implication contrainte*, Paris L'Harmattan.

CAVESTRO, W., (1984), « Automatisation, organisation du travail et qualification dans les PME : Le cas des machines-outils à commande numérique », *Sociologie du travail*, No 4.

CÉZARD, M., DUSSERT, F, GOLLAC, M., (1992), « Taylor va au marché. Organisation du travail et informatique », *Travail et Emploi*, No 54.

CÉZARD, M., HAMON-CHOLET, S., (1999), « Travail et charge mentale », *Premières Synthèses*, 99.07 – No 27.1.

CFDT, (1977) *Les dégâts du progrès*, Paris, Éditions du Seuil.

CHABAUD, C., DE TERSSAC, G., (1987), « Du marbre à l'écran : rigidité des prescriptions et régulations de l'allure de travail », *Sociologie du travail*, No 3.

COLIN, T., GRASSER, B., (2003) « La question des compétences : un infléchissement limité de la relation salariale », Travail et Emploi, Dossier, No 93, janvier.

COURPASSON, D., (2000), *L'action contrainte. Organisations libérales et domination*, Paris, PUF.

COUTROT, T., (1996), « Relations sociales et performance économique. Une première analyse empirique du cas français », *Travail et Emploi*, No. 66.

COUTROT, T., (1998), *L'entreprise néo-libérale, nouvelle utopie capitaliste ?*, Paris La Découverte.

COUTROT, T., (1999), *Critique de l'organisation du travail*, Paris, La Découverte.

CROZIER, M., FRIEDBERG, E. (1977), *L'acteur et le système*, Paris, Éditions du Seuil.

DADOY, M., (1989), « Le retour au métier », Revue française des Affaires sociales, No 4, p. 75.

DELIGNIÈRES, G., (2007), « Les relations professionnelles et la tension entre métier et compétences », in Cavestro, W., Durieux, C., Monchatre, S., Travail et Reconnaissance des Compétences, Paris, Economica.

DUJARIER, M.-A., (2006), « Personnalisation vs standardisation. Le consommateur mis au travail d'organisation », in Maugeri, S. (dir.), *Au nom du client. Management néo-libéral et dispositifs de gestion*, Paris, L'Harmattan.

DURAND, J.P., (2000), « Les enjeux de la logique compétence », Gérer et comprendre, Annales des mines, déc.

DURAND, J.P., (2004), *La chaîne invisible. Travailler aujourd'hui : flux tendu et servitude volontaire,* Paris, Seuil.

DURAND, J.-P., GASPARINI, W., (coord.), (2007), *Le travail à l'épreuve des paradigmes sociologiques*, Toulouse, Octarès.

EYRAUD, F., d'IRIBARNE, A., MAURICE, M., (1988), « Des entreprises face aux technologies flexibles : Une analyse de la dynamique du changement », *Sociologie du travail*, No 1.

FERNEX, A., (2000), « Intensité, définition, mesure, évolutions. Premiers repérages », document présenté à la première séance du Séminaire de synthèse sur l'intensification du travail.

FREICHE, J., LE BOULAIRE, M., (2000), *L'entreprise flexible et l'avenir du lien salarial,* Paris, L'Harmattan.

FREYSSENET, M., (1984), « La requalification des opérateurs et la forme sociale actuelle d'automatisation », *Sociologie du travail*, No 4.

FREYSSENET, M.Freyssenet, M., (1992), « Processus et formes sociales d'automatisation. Le paradigme sociologique », *Sociologie du travail*, No 4.

FREYSSINET, J. (2004), *Hétérogénéité du travail et organisation des travailleurs,* Document de travail, No 04.01, IRES, Janvier.

GADREY, J., (1996), *Services : la productivité en question*, Paris, Desclée de Brouwer.

GHEORGHIU, M. D., MOATTY, F., (2003), *Le travail collectif chez les salariés de l'industrie. Groupe sociaux et enjeux de la coopération au travail*, CEE, Document de travail, No 29, Septembre.

GOLLAC, M., VOLKOFF, S., (1996), « Citius, altius, fortius, l'intensification du travail », *Actes de la recherche en Sciences Sociales*, No 114.

GOLLAC, M., VOLKOFF, S., (2000), *Les conditions de travail*, Paris, La Découverte.

GOLLAC, M., VOLKOFF, S., Gollac, M., Volkoff, S., (2001), « Intensité et fragilité », in Jeannot, G., Veltz, P., *Le travail, entre l'entreprise et la cité*, Éditions de l'aube.

GREEENAN, N., HAMON-CHOLET, S., (2000), « Les salariés industriels face aux changements organisationnels en 1997 », MES-DARES, *Premières Synthèses*, No 09.3, 2000.03.

HAMON-CHOLET, S., (2004), « La charge mentale : fardeau ou aiguillon ? » in Bué, J., Coutrot, T., Puech, I. (coord), *Conditions de travail : les enseignements de vingt ans d'enquêtes*, Toulouse, Octarès Éditions.

HAMON-CHOLET, S., ROUGERIE, C. (2000), « La charge mentale du travail : des enjeux complexes pour les salariés », *Économie et Statistique*, No 339-340.

JANOD, V., SAINT-MARTIN, A., (2003), *La réorganisation du travail et son impact sur les performances des entreprises industrielles françaises 1995-1999*, DARES, Documents d'études, No 68, avril 2003.

JEANTET, A., (2003), « La double prescription dans les métiers en contact avec un public », IXe Journées de Sociologie du Travail, Paris.

KERN, H., SCHUMANN, M., (1984), *La fin de la division du travail*, Paris, MSH.

KOLEVA, S., (2007), « L'autonomie au travail. Le cas des ingénieurs de la centrale nucléaire de Kozloduy, Bulgarie », in Pillon, T., (coor), *Sociologie critique. Sociologie empirique, Autour de Claude Durand,* Toulouse, Octarès.

LICHTENBERGER, Y., (1999), « Compétence, organisation du travail et confrontation sociale », Formation Emploi, No 67.

LICHTENBERGER, Y., PARADEISE, C., (2001, a), « Compétence et redéfinition des relations de travail », in Jeannot, G., Veltz, P., (coord.) *Le travail, entre l'entreprise et la cité*, Éditions de l'aube.
LINHART, D., (1991), *Le torticolis de l'autruche*, Paris, Seuil.
LINHART, D., (1994), *La modernisation des entreprises,* Paris, La Découverte.
LINHART, D., (2001), « La question de la confiance dans les relations de travail », in Jeannot, G., Veltz, P., (coord.) *Le travail, entre l'entreprise et la cité*, Éditions de l'aube.
LINHART, D., (2008), « Les temps sont durs pour les techniciens-conseils des CAF », in Linhart, D., Moutet, A., (dir.), *Le travail nous est compté. La construction des normes temporelles du travail,* Paris, La Découverte.
MILGROM, P., ROBERTS, J., « The Economics of Modern Manufacturing : Technology Strategy and Organization », American Economic Review, 80 (3).
MINTZBERG, H., (1982), *Structure et dynamique des organisations,* Montréal/Paris, Les éditions Agence d'Arc/Les éditions d'organisation.
NAVILLE, P., (1961), « Division du travail et répartition des tâches », in Friedmann, G., Naville, P., *Traité de sociologie du travail*, Tome 1, Paris, Armand Colin.
OIRY, E., (2005), « Qualification et compétence : Deux sœurs jumelles ? », Revue Française de Gestion, Vol. 31, No 158.
OSTY, F., (2002), *Le désir de métier. Engagement, identité et reconnaissance au travail*, Rennes, PUR.
PARADEISE, C., LICHTENBERGER, Y., (2001, b), « Compétence, compétences », Sociologie du travail, No 43.
PERROW, C., (1970, 1972), *Organizational Analysis : A Sociological View,* Londres, Brooks-Cole and Tavistock, *Complex Organization : A Critical Essay,* New York, Random House.
PIOTET, F., (2002), *La révolution des métiers*, Paris, PUF.
PRIOU-HASNI, A.-J., (2007), « Le sur-mesure dans la relation commerciale: un moyen de reconnaissance pour le vendeur ? »,

in Aballéa, F., Lallement, M., (coord.) *Relations au travail, relations de travail*, Toulouse, Octarès.

RAVEYRE, M., UGHETTO, P., (2006), « « On est toujours dans l'urgence » : surcroît ou défaut d'organisation dans le sentiment d'intensification du travail ? », in Askenazy, P., Cartron, D., De Connick, F., Gollac, M., (Coord.), *Organisation et intensité du travail*, Toulouse, Octarès.

REYNAUD, J.-D. (1991), « Pour une sociologie de la régulation sociale », *Sociologie et Sociétés*, XXIII, No 2, p.13-26.

REYNAUD, J.-D., (1997), *Les règles du jeu. L'action collective et la régulation sociale*, Paris, Armand Colin.

REYNAUD, J.-D., (2001), « Le management par les compétences : un essai d'analyse », Sociologie du travail, No. 1.

RICHEBÉ, N., (2002), « Les réactions des salariés à la « logique compétence » : vers un renouveau de l'échange salarial ? », Revue française de sociologie, 43-1.

RIFKIN, J., 1996, *La fin du travail*, Paris, Éditions La Découverte, Éditions du Boréal.

ROLLE, P., (2003), « Saisir et utiliser l'activité humaine. Qualité du travail, qualification, compétence », in Dupray, A., Guitton, C., Monchatre, S., (coord), *Réfléchir la compétence. Approches sociologiques, juridiques et économiques d'une pratique gestionnaire,* Toulouse, Octarès.

SALERNI, D., (1979), « Le pouvoir hiérarchique de la technologie », Sociologie du travail, No. 1

TEIGER, C,. DAVID, H., (2003), « L'interdisciplinarité ergonomie-sociologie, une histoire inachevée », *Travail et Emploi*, No 94, avril.

TERSSAC, de G., et alii, (1983), « Horaire de travail et organisation de l'activité de surveillance », *Le Travail humain*, 46,1.

TERSSAC, de G., (1985), *Repères pour négocier le travail posté*, Toulouse, P.U.M.

TERSSAC, de G., (1992), *Autonomie dans le travail*, Paris, P.U.F.

TERSSAC, de G., (2002), *Le travail : une aventure collective. Recueil de textes*, Toulouse, Octarès.
THOMPSON, J. D. (1967), « Organizational Design », in *Organization in Action,* New York, McGraw-Hill.
THOMPSON, P., WARHURST, C., 1998, *Workplace in the Future*, London, Mcmillan Business.
UGHETTO, P. et alli, (2002), « La relation de service : une tension vers un nouveau modèle de travail ? », *Revue de l'IRES*, No 39, 2002/2.
UGHETTO, P., (2004) « La rationalisation vue de l'activité du travail. Une diversification du traitement sociologique de l'autonomie et de la contrainte », *Revue de l'IRES*, No 44.
VALEYRE, A., (1999), « Activités cognitives et autonomie au travail », in Chatzis, K., Mounier, C., VELTZ, P., ZARIFIAN, P., *L'autonomie dans les organisations. Quoi de neuf ?* , Paris, L'Harmattan.
VALEYRE, A., (2001), « Le travail industriel sous la pression du temps », *Travail et Emploi*, Études, No 86.
VALEYRE, A., (2003), « Formes d'intensification du travail, dynamique de l'emploi et performances économiques dans les activités industrielles », *Centre d'études de l'emploi*, no 25, Mai.
VALEYRE, A., (2004), « Intensification du travail industriel et rentabilité économique des secteurs », in Bué, J., Coutrot, T., Puech, I., *Conditions de travail : les enseignements de vingt ans d'enquêtes*, Toulouse, Octarès.
VALEYRE, A., (2006), « Les formes d'intensification du travail industriel et leurs déterminants » in in Askenazy, P., Cartron, D., De Connick, F., Gollac, M., (Coord.), *Organisation et intensité du travail*, Toulouse, Octarès.
VELTZ, P., (1986), « Informatisation des industries manufacturières et intellectualisation de la production », *Sociologie du travail*, No 1.
VELTZ, P., (1992), « Vers de nouveaux compromis organisationnels », in Linhart, D., Perreault, J., (dir) et avec la collaboration de Fouquet, A., *Le travail en puces*, Paris, PUF.

VELTZ, P., (1999), « Les organisations cellulaires en réseau : portée et limites d'une mutation », in Chatzis, K., Mounier, C., Veltz, P., Zarifian, Ph., *L'autonomie dans les organisations. Quoi de neuf ?*, Paris, L'Harmattan.
VELTZ, P., (2000), *Le nouveau monde industriel*, Paris, Gallimard, le débat.
VELTZ, P., (2001), « Le travail en réseau, tendances et tensions », in Jeannot, G., Veltz, P., (coor), *Le travail, entre l'entreprise et la cité*, Éditions de l'Aube.
VELTZ, P., (2005), « L'efficacité par la coopération ouverte », in Minguet, G., Thuderoz, C., (dir), *Travail, entreprise et société. Manuel de sociologie pour ingénieurs et scientifiques*, Paris, PUF.
VELTZ, P., ZARIFIAN, P., (1993), « Vers de nouveaux modèles d'organisation ?», *Sociologie du travail*, No. 35-1.
WOODWARD, J. (1958), « Management and Technology », H.M.S.O., Norwick. Traduction française in J.-F. Chanlat et F. Séguin, *L'analyse des organisations,* tome 2, sous le titre « Administration et technologie », Bourcherville, gaëtan morin éditeur, 1987, p.105-139.
WOODWARD, J. (1965), *Industrial Organization : Theory and Practice*, Londres, Oxford University Press.
WOODWARD, J. (1970), *Industrial Organization : Behaviour and Control,* Londres, Oxford University Press.
ZARIFIAN, P., (1988), « L'émergence du modèle de la compétence », in Stankiewicz. F. (Éd), *Les stratégies d'entreprise face aux ressources humaines. L'après taylorisme*, Paris, Economica.
ZARIFIAN, P., (1993), *Quels modèles d'organisation pour l'industrie européenne ? L'émergence de la Firme coopératrice*, Paris, L'Harmattan, Coll. Logiques Économiques.
ZARIFIAN, P., (1996), *Travail et communication. Essai sociologique sur le travail dans la grande entreprise industrielle,* Paris. PUF.
ZARIFIAN, P., (1999), « L'autonomie comme confrontation coopératrice à des enjeux », in Chatzis, K., Mounier, C., Veltz,

P., Zarifian, Ph., (coord), *L'autonomie dans les organisations. Quoi de neuf ?*, Paris L'Harmattan.

ZARIFIAN, P., (2000), « Sur la question de la compétence. Réponse à Jean- Pierre. Durand », Gérer et comprendre, Annales des mines, déc.

ZARIFIAN, P., (2001), « Productivités, intensités et différences », in ISERES, *Intensité du travail et santé. Quelles recherches ? Quelles actions ?*, Paris L'Harmattan.

ZARIFIAN, P., (2004), *Le modèle de la compétence*, Paris, Éditions Liaisons.

ZARIFIAN, P., (2009), *Le travail et la compétence : entre puissance et contrôle*, Le travail humain, Paris, PUF.

TABLE DES MATIÈRES

Introduction   7

Première partie : Les transformations du travail et de son organisation   15

I.   Le contexte des changements organisationnels   17

II.   Les voies nouvelles de la mobilisation des ressources productives   21
1. Au plan de la gestion organisationnelle
2. Au plan de la gestion des ressources humaines

III.   Des organisations qui prennent forme et des conditions de travail problématiques   31

Deuxième partie : Les voies de la mobilisation des ressources productives   37

I.   Technologie, organisation et rapports sociaux   39
Introduction
1. Le déterminisme technologique : rappel de quelques études pionnières
2. Modernisation industrielle et cohérence sociétale
3. Les présupposés socio-économiques de l'automatisation ou l'automatisation comme construit social
Conclusion

II.   Informatisation et fonctions de conception et d'exécution   59
Introduction
1. Une étude comparative de l'allocation de la fonction de programmation
2. Requalification des opérateurs et rationalisation du

travail d'entretien et de dépannage : vers une nouvelle forme de la polarisation du travail
4. Intellectualisation de la production et remodelage du travail industriel
Conclusion

III. Relation de service : entre standardisation et personnalisation 73
Introduction
1. La relation de service valorisante au sein des agences de voyages
2. La relation de service formatée dans les centres d'appels : entre standardisation et personnalisation
3. La relation de service instrumentée au profit de l'organisation dans les secteurs hospitalier et de la restauration
4. La relation se service dénaturée des agents d'une ligne de métro
5. La relation de service et les rapports de servitude des guichetiers de La Poste
Conclusion

IV. Logique compétence : de la régulation conjointe au retrait des salariés 99
Introduction
1. Singularité et critique de la notion de compétence
2. Diffusion de la logique compétence
3. Autonomie, compétence et régulation gagnante dans une usine sidérurgique
4. Une gestion des compétences qui crée des tensions : l'exemple de La Poste
5. La difficile appropriation de la logique compétence : le retrait des salariés de l'administration
Conclusion

Troisième partie : Quatre aspects de la transformation du travail   133

I. Les métiers en question : redéfinition, valorisation et subordination   135
Introduction
1. La téléphonie sanitaire et sociale : la compétence en appui au métier
2. Les conseillers financiers de La Poste : un métier ambigu pour un emploi transitoire
3. Les techniciens-conseils des Caisses d'Allocations Familiales : l'émergence d'un métier contraint
Conclusion

II. Autonomie et contrôle   153
Introduction
1. L'autonomie conquise dans une centrale nucléaire
2. L'autonomie complémentaire dans les secteurs de la chimie et de l'édition
3. L'autonomie de recomposition dans l'industrie de l'aéronautique
4. L'autonomie contrôlée dans l'industrie nucléaire
Conclusion

III. Coopération ouverte et coopération forcée   169
Introduction
1. La coopération ouverte
2. La coopération forcée
Conclusion

IV. Organisation et intensité du travail   185
Introduction
1. L'un gagne, l'autre perd
2. L'identité professionnelle et l'éthique de service comme remparts à l'intensification du travail
Conclusion

Quatrième partie : Impacts des dispositifs organisationnels et configurations de l'entreprise flexible — 203

I. Dispositifs organisationnels, charge mentale du travail et performance des entreprises — 205
Introduction
1. Dispositifs organisationnels et charge mentale du travail
2. Comparaison de la charge de travail entre les salariés informatisés et non informatisés
3. Impact des dispositifs organisationnels sur les performances des entreprises industrielles
Conclusion

II. Les configurations organisationnelles de l'entreprise flexible — 223
Introduction
1. L'organisation en réseau
2. L'organisation néo-libérale
3. Les paradoxes de l'entreprise flexible
Conclusion

Conclusion — 243

Bibliographie — 249

L'Harmattan, Italia
Via Degli Artisti 15 ; 10124 Torino

L'Harmattan Hongrie
Könyvesbolt ; Kossuth L. u. 14-16
1053 Budapest

L'Harmattan Burkina Faso
Rue 15.167 Route du Pô Patte d'oie
12 BP 226 Ouagadougou 12
(00226) 76 59 79 86

Espace L'Harmattan Kinshasa
Faculté des Sciences Sociales,
Politiques et Administratives
BP243, KIN XI ; Université de Kinshasa

L'Harmattan Guinee
Almamya Rue KA 028 en face du restaurant le cèdre
OKB agency BP 3470 Conakry
(00224) 60 20 85 08
harmattanguinee@yahoo.fr

L'Harmattan Cote d'Ivoire
M. Etien N'dah Ahmon
Résidence Karl / cité des arts
Abidjan-Cocody 03 BP 1588 Abidjan 03
(00225) 05 77 87 31

L'Harmattan Mauritanie
Espace El Kettab du livre francophone
N° 472 avenue Palais des Congrès
BP 316 Nouakchott
(00222) 63 25 980

L'Harmattan Cameroun
Immeuble Olympia face à la Camair
BP 11486 Yaoundé
(00237) 99 76 61 66
harmattancam@yahoo.fr

L'Harmattan Senegal
« Villa Rose », rue de Diourbel X G, Point E
BP 45034 Dakar FANN
(00221) 33 825 98 58 / 77 242 25 08
senharmattan@gmail.com

565838 - Mai 2014
Achevé d'imprimer par